GAYLORD SKY WORELL

FASZINIERENDES
AMERIKA

Alle National-Parks der USA

D1675059

GAYLORD SKY WORELL

FASZINIERENDES AMERIKA

Alle National-Parks der USA

Gondrom

Lizenzausgabe für Gondrom Verlag GmbH & Co. KG, Bindlach 1993
© 1985, Bayerische Verlagsanstalt GmbH, Bamberg
Alle Rechte der Vervielfältigung und Verbreitung,
einschließlich Film, Funk und Fernsehen sowie der
Fotokopie und des auszugsweisen Nachdrucks vorbehalten
Buchgestaltung, Layout und Umschlag: Dr. Hellmut Worch
Text und Fotografie vom Autor. Bildnachweis letzte Seite
Karte: Klaus Borowietz
ISBN 3-8112-0975-2

INHALT

GEOGRAPHISCHER INDEX

Einführung

Als Cristoforo Colombo am 12. Oktober 1492 auf der Bahamas-Insel San Salvador anlegte, glaubte er, einen neuen Seeweg nach Indien gefunden zu haben. Erst Jahrzehnte später wußte man, daß ihm versehentlich weit Größeres gelungen war, als erhofft: Die Entdeckung eines bis dahin unbekannten Großkontinents, eines überreichen Erdteiles, einer »Neuen Welt«, deren bald einsetzende Eroberung und stürmische Entwicklung für den Rest des zweiten Jahrtausends nach Christus eminente Bedeutung in politischer, kultureller und technologischer Hinsicht für fast alle Völker der Erde bekommen sollte.

Obwohl Kolumbus das eigentliche Nordamerika nie gesehen hat, muß er doch als dessen wahrer Entdecker angesehen werden; denn nur seine in damaliger Zeit als genial anzusehende Idee, sein beharrliches Durchsetzungsvermögen und die entbehrungsreichen vier See-Expeditionen erbrachten die Voraussetzungen ideeller und materieller Art, die eine weitere Erkundung der neugewonnenen Horizonte ermöglichten.

Nachdem der Spanier Ponce de Leon 1513 seinen Fuß auf Florida setzte, wurde schon 1565 der Kolonisations-Brückenkopf St. Augustin, die heute älteste Stadt der USA, gegründet, und damit ein Markstein gesetzt für eine seit Jahrhunderten anhaltende Völkerwanderung aus Europa, ausgelöst und getragen von fabulösen Verheißungen. Die Vorstellung unermeßlichen Reichtums aus fruchtbarem, herrenlosem Land, von sagenumwobenen Schätzen der Urbevölkerung und des Bodens, sowie der Erfüllung eines Generationen-Traumes, Freiheit und Unabhängigkeit von der Enge und politischen Drangsal Europas zu erlangen, ließ Hunderttausende den Absprung von der Alten Welt hoffnungsvoll wagen.

Diese Entscheidungsbereitschaft zum persönlichen Risiko um des möglichen Erfolges willen ist bis heute vordergründiges Kennzeichen der Amerikaner geblieben; Mut zum Ungewöhnlichen und Unabhängigkeitsstreben prägen den Nationalcharakter dieser Schmelztiegel-Nation.

Aber noch jetzt, über vierhundert Jahre nach dem initialen Aufbruch, begegnet der Reisende in Nordamerika auf Schritt und Tritt europäischem Traditionsdenken, überlieferten Bräuchen und Formen, die hier längst verblaßt sind, ja antik-klassischem Kulturbewußtsein und Denkschemen. Das gegenseitige Aufeinanderangewiesensein der Einwanderer förderte tolerantes Sichbegegnen, erforderte den gemeinsamen Einsatz der Kräfte und Fähigkeiten, und mündete bald in eine noch heute selbstverständliche Hilfsbereitschaft und Gastlichkeit, deren jeder Fremde zunächst bedurfte.

Auch das Christentum, in Europa längst zerstritten und in seiner von der originären Idee weit abweichenden Praktizierung durch Machtpolitik fragwürdig geworden, gewann unter den zu dogmenfreiem Gemeinsinn gezwungenen Pionieren und Siedlern neue, verjüngende Dimensionen, geprägt durch Liberalität der Auslegung und gläubig-hoffende Realisierung.

Als am 4. Juli 1776 die Kolonisationskriege der Spanier, Franzosen und Engländer durch die Unabhängigkeits-Erklärung abgeschlossen wurden, konnte sich endlich ein eigenständiges Nationalgefühl entwickeln, das heute dem der europäischen Völker keineswegs nachsteht.

Der Stolz auf die unter großen Opfern errungene neue Heimat, den erfolgreichen Unabhängigkeitskampf der Väter, die legalisierten Individualrechte, aber auch auf den Reichtum und die Schönheiten des Landes, prägte sich im Selbstbewußtsein der Bürger ebenso stark aus, wie bald auch die Sorge um den Erhalt des neugewonnenen Lebensinhaltes, der sich im wesentlichen ableitete aus den natürlichen Reichtümern des großen Landes.

So ist es nicht verwunderlich, daß aus derart gewachsenen Gefühlen von Ehrfurcht und Dankbarkeit gegenüber der Fruchtbarkeit des Bodens schon bei den ersten Anzeichen einer Bedrohung der Landschaft durch kommerziellen Übergriff und industrielle Ausbeutung sich naturschützerische Bestrebungen frühzeitig profilierten. Bereits in der Mitte des 19. Jahrhunderts, als in Europa noch niemand daran dachte, Naturschönheiten um ihrer selbst willen der Nachwelt zu erhalten, bildeten sich in den USA engagierte Bürgergruppen und Interessengemeinschaften, um politischen Einfluß zu gewinnen, der einzig auf den Erhalt nationaler Natur-Monumente gerichtet war. Wohlhabende Farmer, reiche Industrielle und engagierte Naturwissenschaftler machten mit hartnäckiger Entschlossenheit und Kenntnisreichtum bei ihren Gouverneuren und im Senat in Washington klar, daß entsprechend dem Verfassungsauftrag die vom Einzelinteresse bedrohten Naturwunder der Nation für die Allgemeinheit zu erhalten seien.

Schon 1832 gelang es durch Bundesgesetz, ein Gebiet von 47 heißen Quellen in Arkansas zur Reservation zu erklären, woraus der spätere »Hot Springs N. P.« entstand. Der erste National-Park der USA, der »Yellowstone N. P.«, bis heute außerhalb Alaska der größte und mit seinen über 3000 Geysiren und heißen Quellen sicher einer der eindrucksvollsten, wurde schließlich im Jahre 1872 gegründet. Es folgten in immer kürzerem zeitlichem Abstand 1890 »Sequoia und Kings Canyon N. P.« zum Schutze der großen Mammutbäume, 1902 »Crater Lake N. P.«, größte Vulkan-Caldera der Erde, dann »Mt. Rainier N. P.«, »Devils Tower N. M.« und bis heute 48 National Parks, zahlreiche National Monuments, historische Areale und riesige naturgeschützte Erholungsgebiete in Staatsforsten, an Seen und Meeresküsten, in gletscherreichem Hochgebirge und in Wüstenregionen.

Dem naturverbundenen Touristen bieten die Vereinigten Staaten heute eine solche auf der Welt einmalige Fülle von vielgestaltigsten Naturreservaten, daß eine systematische Beschreibung unerläßlich geworden ist, will man dem Interessierten Übersicht und Detailkenntnis der Landschaften, Formationen und Phänomene, ihrer geologischen Entstehungsgeschichte, geographischen Situation und Biotopologie vermitteln. Dies hat besondere Gültigkeit für den ausländischen Touristen, dem mangels geeigneter Literatur Einsicht in die Zusammenhänge erschwert ist und dem die Entfernungen, die sich aus der Größenordnung des nordamerikanischen Kontinentes (19,3 Mill. km²) ergeben, zunächst unüberwindlich erscheinen, zumal für ihn der Anflug noch hinzukommt. Jedoch sind die interkontinentalen Reisezeiten im Jetflug-Zeitalter so erheblich geschrumpft, daß heute tatsächlich fast jedermann endlich die schon in

Jugendjahren von Karl May induzierte Sehnsucht nach dem großen Abenteuer Nordamerika stillen kann.

Wer das erste Mal zurückkehrt aus den grandiosen Landschaften der Neuen Welt, die fast nichts gemein haben mit europäischer Gedrängtheit und durch Besitzbürgertum geprägter Kleinnutzung, wird unweigerlich mit Sehnsucht zurückdenken an die Reize dieser ungewöhnlichen, weiträumigen und reichen Natur, wird sich gerne erinnern der sprichwörtlichen Gastfreundschaft der Amerikaner, ihrer natürlichen Freundlichkeit, ihrer zwanglosen Aufgeschlossenheit und gelassenen Toleranz. Alte Vorurteile und falsche Fremddarstellungen werden widerlegt und vergessen sein; denn fast jedem Touristen dürfte klar geworden sein, daß zwischen den großräumigen Weiten dieses Kontinents und dem großzügigen Denken seiner Bewohner ein ursächlicher Zusammenhang bestehen muß.

Was aber erwartet den »Weltenwanderer« wirklich, der sich über den Großen Teich wagt? Die Möglichkeiten sind tatsächlich fast unbegrenzt. Sie reichen vom beschaulichen Winter-Badeurlaub an Floridas 1000-Meilen-Sandstrand bis zum echten Abenteuer einer Colorado-Wildwasserfahrt, von den bizarren Wüstenformationen New Mexicos, Arizonas und Utahs bis zum malerischen Regenwald Washingtons, von den Dünen des Atlantiks bis zu den Gletscherfeldern Alaskas, vom Wellenreiten in Kalifornien bis zur Gebirgswanderung in den Skiparadiesen der Rocky Mountains, vom Reitfarm-Urlaub in Texas oder Montana bis zum Segeltörn entlang der New-England-Staaten, von den zahlreichen phantastischen Tropfsteinhöhlen und prähistorischen Indiansiedlungen bis zu den aktiven Vulkanen des subtropischen Hawaii-Archipels, deren spektakuläre Ausbrüche der letzten Jahrzehnte dadurch einzigartig in der Welt sind, weil sie aus sicherer Entfernung gut beobachtet werden können.

Das Nationalpark-System

Diesem Buche ist es Anliegen, »Verführer und Führer« zu den großartigen Landschaften und Naturschutzgebieten zu sein, deren schönste und eigenartigste vom National-Park-Service des Innenministeriums der USA gegründet und verwaltet sowie in beispielhafter Weise, zum Wohle der Allgemeinheit erhaltend, betreut werden.

Dies bedeutet in erster Linie, daß innerhalb der Grenzen dieser Natur-Reservate jegliche private Nutzung oder Veränderung des früheren Zustandes ausgeschlossen ist. Also insbesondere keinerlei Baulichkeiten, keine kommerziellen Rechte, keine Forstwirtschaft, keine Jagd, keine Zäune oder elektrischen Leitungen, keine Wasserregulierung, keine Verschmutzung, ja selbst Fernflugrouten müssen den Schutzgebieten teilweise Hunderte von Kilometer weit ausweichen. Das Ergebnis solch umfassender Maßnahmen ist erwartungsgemäß überzeugend, wenn man dabei bedenkt, daß die meisten dieser Areale bereits weit über ein halbes Jahrhundert solchermaßen in ihrem unberührten Urzustand erhalten wurden: Alles Wild, vom Erdhörnchen bis zum Schwarzbären, vom Murmeltier bis zum Zwölfender-Hirsch, vom Singvogel bis zum Pelikan; alles bewegt sich völlig unbefangen in seinem Lebensraum, durch die unbegründet gewordene Angst vor dem Menschen ohne Scheu. Die Gewässer sind derart sauber, daß man meist daraus trinken, zumindest aber Forellen angeln kann.

Der Wald wächst ohne regulierende Fremdeinwirkung organisch, vielgestaltig und selbsterhaltend. Wo ein Baum fällt, bleibt er dem Biotop humusbildend erhalten, und schon bald sprießen auf seiner modernden Rinde junge Sämlinge in die Lichtung, den Artenreichtum vermehrend. Der Reichtum an Kleintieren und Vögeln in dieser naturbelassenen Umgebung ist daher nicht verwunderlich, aber für jeden beglückend: Eine fast paradiesische Lebensgemeinschaft, natürliche Freiheit und Friedlichkeit. Daß dies alles möglich wurde und bleibt, ist besonders der Selbstdisziplin der Besucher zuzuschreiben, die jedes Gebotsschild respektieren, jede Warnung beherzigen, jedes Reglement über Verhalten auf Waldpfaden, bei Hochgebirgstouren, Vulkanbesteigungen oder auf Tauchgängen in selbstverständlichem Gemeinsinn, welcher die Freiheit aller erst ermöglicht, tatsächlich einhalten.

So ist es für die Bewohner der »Alten Welt« fast unvorstellbar, praktisch nirgends auch nur den geringsten Abfall herumliegen zu sehen; es gibt keine Trampelpfade jenseits der Wanderwege, keinen Raucher im Walde, kein Herumjohlen in der Landschaft. Jeder ist sichtlich bemüht, das Erhaltene nicht zu stören.

Wirksam wird dieser Erziehungsprozeß durch die Prinzipien des National Park Service, einer staatlichen Organisation, die, nach für die ganze Nation verbindlichen Gesetzes-Richtlinien, die deklarierten Naturschutzgebiete verwaltet und pflegt, aber auch durch großzügigen Einsatz aller modernen Kommunikations- und Lehrmittel um die Betreuung, Information und Sicherheit der Touristen bemüht ist.

In der Praxis sieht dies folgendermaßen aus: Die Grenzen der National-Parks sind an den Zufahrtsstraßen markiert; eine ganzheitliche Umzäunung besteht nicht, um die natürliche Fluktuation der Tiere nicht zu beinträchtigen.

Folgt man den in allen Parks sehr gepflegten Straßen, so kommt man bald an eine kleine Eingangs-Station, an der ein Eintrittsgeld erhoben wird. Es beträgt z. Z. $ 3.00 pro Wagen samt allen Insassen; Personen über 60/65 erhalten gegen Dauerausweis freien Eintritt (Golden Age Passport), jeder andere kann für $ 10.00 pro Wagen einen »Golden Eagle Passport« lösen, der innerhalb eines Jahres zum unbegrenzt wiederholten Eintritt in alle Parks berechtigt. Gleichzeitig erhält man kostenlos eine Parkbroschüre mit Beschreibung der Geschichte und Eigenarten des Areals, der Wanderwege und Campingplätze sowie eine Planskizze, nicht selten sogar eine Papiertüte für den Abfall im Wagen.

Besucher-Zentrum · Ranger

Kurz darauf stößt man auf ein Besucher-Zentrum (Visitor Center), das mit Erfrischungsräumen (rest rooms) zum Verweilen und zu gründlicherer Information einlädt; Wandbilder, Schaukästen, Diabildreihen, Tonfilme und Vorträge von »Rangern«, den chic uniformierten Park- und Publikumsbetreuern. Bücher, jegliches Informationsmaterial, detaillierte Wanderkarten und anderes Nützliches kann gekauft werden. Aufenthalts- und Toilettenräume sind vorbildlich.

Die Ranger sind Bundesbeamte, die je nach ihrem speziellen Einsatzbereich ausgebildete Naturwissenschaftler, Archäologen oder Philologen sind. In der Sommersaison werden auch Ranger auf Zeit eingesetzt, die meist von Beruf Lehrer oder noch Studierende entsprechender Fächer sind.

Sie sind – in der Regel von 8 – 18 Uhr – für jede Frage offen und führen täglich mehrmals zu angegebenen Zeiten Besucher über die wichtigsten Lehrwanderpfade des Parks. Zusätzlich findet während der Saison (Mitte Juni bis Anfang September) jeden Abend im sogenannten Amphitheater, welches meist einem der naheliegenden Campingplätze angegliedert ist, ein Abendprogramm mit Lichtbilder- oder Filmvortrag und Lagerfeuer statt, jeweils vorangekündigt und nach Eintritt der Dunkelheit im Freien. Warme Kleidung empfiehlt sich dabei meistens, auch weil sich im Anschluß daran oft informative Geselligkeit unter den Campern entwickelt.

Übernachtung

Der ideale Übernachtungs-Aufenthalt in einem National-Park sind entweder die sehr begehrten Hütten (Cabins) oder motelartigen Rasthäuser – Hotels findet man wegen des Bebauungsverbotes nur in den größten Parks – und insbesondere die weiträumigen und gut ausgestatteten Campingplätze.
Im Unterschied zu anderen Ländern hat man in den USA die vorteilhafte Regelung, für jeden Campground eine bestimmte Anzahl von Stellplätzen (sites) für Wohnwagen oder Zelte festzulegen. Dies garantiert jedem Besucher für eine durchschnittliche Gebühr von $ 3.00 – 5.00 pro Familie eine angenehme Bewegungsfreiheit und Ungestörtheit durch Nachbarn, denn die nächste »site« ist üblicherweise mindestens 20 – 30 Meter entfernt und meist von Baumgruppen geschützt.
Zu jedem Stellplatz gehört eine Doppelbank mit Tisch sowie ein Bratrost, häufig ein Wasserhahn oder sogar ein Freiluft-Schrank für Camping-Utensilien. Die sanitären Einrichtungen sind in regelmäßig über das Gelände verteilten Gebäuden untergebracht, stets gepflegt und mit Tagesbedarf an Papierhandtüchern usw. ausgestattet. Wenn der Landschaftscharakter es erlaubt, liegen die Campingplätze der National-Parks in einem Wald eingebettet, mit hübscher Aussicht oder an einem frischen Fluß oder Seeufer.
Die Aufenthaltsdauer kann in der Saison auf 14 Tage beschränkt werden. In vielen Parks sind Reitpferde, Boote, Fahrräder, Zelte und andere Campingausrüstung preisgünstig zu mieten. Einkaufsstätten für alle Arten von Verpflegung, von der Gemüsekonserve bis zum tiefgefrorenen Steak, sind in größeren Parks vorhanden, häufig in zentraler Lage desselben oder gar an mehreren Stellen.
Voranmeldungen sind in der Regel nur für Motelzimmer und Hütten (cabins, cottages) möglich und für die Feriensaison auch dringend zu empfehlen, während für die Campingplätze solche nur für Reisegruppen vorgesehen sind. Einzelreisende und Familien erhalten jeweils in der Reihenfolge ihrer Ankunft eine Campsite zugeteilt oder können sich eine solche aussuchen und dann selbst registrieren. Diese Regelungen sind von Park zu Park unterschiedlich und jeweils durch Anschlag am Eingang bekanntgemacht. Eine Aufenthaltsverlängerung ist dann jeweils täglich geltend zu machen und die Gebühr zu entrichten, so daß man sich je nach persönlichem Bedürfnis und Wettersituation über weiteren Verbleib oder nicht entscheiden kann. In der Hochsaison sind oft schon mittags alle Stellplätze vergeben, am Eingang durch ein Schild »Campground full« gekennzeichnet, was zwar heißt, daß später ankommende Besucher nicht mehr zugelassen werden, keinesfalls aber, daß der Platz dann

etwa einen enggefüllten Eindruck macht, denn nur die numerierten sites dürfen belegt werden. Durch diese strikte zahlenmäßige Beschränkung der meist ausgedehnten Campingplätze soll erreicht werden, daß sich jeder in den Ferienwohnarealen inmitten ungestörter Natur wohl fühle. Um dies zu gewährleisten, muß jeder, der keinen Stellplatz findet, den Park für die Nacht wieder verlassen.

Wandern

Die meisten Camper wollen wandern, ein sehr verbreiteter Volkssport, angeregt durch das immer noch lebendige Traditionsbewußtsein, die großartigen Landschaften dieses noch keineswegs voll erschlossenen Kontinentes neu zu entdecken, die ursprüngliche Eroberung der fordernden Weiten des Landes in persönlicher Erfahrung nachzuvollziehen. Hierfür bieten gerade die National-Parks, Staatsforste und ausgedehnten Erholungsgebiete ideale Voraussetzungen. Sie haben jeweils viele Hunderte von Kilometern Wanderwege, Gebirgspfade und selbstführende Rundgänge, die z. T. mit Tafeln versehen sind, die die Pflanzen, Bäume und Landschaften erklären; an deren Ausgangspunkt werden Broschüren (leaflets) in wetterfesten Behältern bereitgehalten, die alles Wissenswerte über Verlauf und Sehenswürdigkeiten des Trails erklären und die nach Beendigung der Wanderung entweder zurückgesteckt werden können oder aber gegen eine Gebühr (meist 15 ct. empfohlen) behalten werden dürfen.

Es ist erstaunlich, wie viele Wanderer bei jeder Tageszeit und Witterung unterwegs sind. Junge Leute und rüstige Rentner, vielköpfige Familien, verliebte Paare und Einspänner, fast alle wohlausgerüstet mit wetterfesten Steppjacken, Jeans und Profilschuhen. Vor allem aber mit den so praktischen Aluminium-Tragegestellen für Rucksack, Eß- und Schlafutensilien. Nicht selten trägt eine Mutter ihr Baby auf dem Rücken oder mit dem Vater zusammen in einer Tragetasche, während er das Zweitjüngste auf den Schultern hat.

Wie frei und glücklich sich hier fast jeder dabei fühlt, offenbaren die wie selbstverständlich geübten Umgangsformen. Alle grüßen sich gegenseitig mit ein paar heiter verbindlichen Worten. Es ist undenkbar, mit Blick in die entgegengesetzte Landschaft oder auf den Weg aneinander vorbeizumuffeln. Jeder ruft schon auf praktische Entfernung dem anderen ein fröhliches »Hello«, »Hi«, »Howdy« oder »How are you« zu, wobei sich auch die ältere Generation nicht ziert, offensichtlich Jüngere oder gar »Haarige«, wie es sich gerade ergibt, zuerst zu grüßen. Jeder trägt die gleichen Jeans, die gleiche Freude und Unbefangenheit in sich, und jedem fällt es somit leicht, Gleichgesinnten in zwangloser Freundlichkeit zu begegnen.

Wer mehrtägige Wanderungen in abgelegene Gegenden (back-country), Jeep-Touren oder Bootsfahrten auf eigene Faust unternehmen will, sollte dies nie allein tun, sondern in kleinen Gruppen, möglichst zusammen mit Partnern, die in diesem Metier schon erfahren sind und die typischen Merkmale und Gefahren jener Landschaft kennen. Dies gilt insbesondere für alpine Unternehmungen wie auch für Wildwasserfahrten (white water expeditions) oder Wüstenregionen.

Im Visitor Center jedes National-Parks gibt es Wanderkarten geeigneten Maßstabes und Merkblätter für die am häufigsten begangenen Pfade meist kostenlos. In manchen

Parks besteht für schwierige trails (Grand Canyon) Eintragungspflicht mit Angabe der voraussichtlichen Rückkunft, damit die Verwaltung im Notfall durch Suchtrupps und Hubschrauber in Gefahr geratenen Wanderern Hilfe leisten kann.

Allgemeine Parkregeln

Der Sicherheit für alle Besucher wie auch dem Erhalt der Unberührtheit aller Naturschätze dienen eine Reihe von Regeln, die für die meisten National-Parks, National Monuments, Recreation Areas, Historic Sites usw. gemeinsam verbindlich sind.

Das Fahren mit motorangetriebenen Fahrzeugen ist nur auf den dafür vorgesehenen Straßen erlaubt. Sie sind in Breite, Trassenführung, Ausdehnung und Pflegezustand erstklassig, der Belag bis auf ganz wenige Ausnahmen staubfrei. Letzteres kann in einigen Wüsten- oder Hochgebirgsregionen vorkommen, dann jedoch sind solche Schotterstraßen entweder einer Einbahn-Richtung unterworfen, oder aber als »Jeeptrails« deklariert, d. h. sie dürfen mit einachsangetriebenen Fahrzeugen nicht befahren werden. Mancher, der glaubte, sich darüber hinwegsetzen zu können, ist der Verdurstung, z. B. im »Todestal«, mit knapper Not entronnen, indem er gerade noch vom National-Park-Service gerettet werden konnte. Aber auch das klappt nicht immer, wie die traurige Erfahrung lehrt.

Alle Straßen sind reichlich mit Ausfahrten zu Aussichtsterrassen, Haltestellen oder Parkplätzen mit sog. »Photo-Points« versehen. An diesen Stellen findet man auch meist Toiletten und Waschräume, Trinkwasser-Zapfstellen (in heißen Gegenden mit Kühlautomaten – natürlich gratis) und Picknick-Tische. Es empfiehlt sich, nur an diesen Stellen zu halten, denn sie sind stets die auch fotografisch optimalen Blickpunkte. Weitere Straßenausbuchtungen gestatten Stops an vielen zusätzlichen Ausblicken.

Wenn man sehr langsam fährt, um auch als Fahrer die Reize der Landschaft aufnehmen zu können, so wird man kaum je das Gefühl haben müssen, den Verkehr zu behindern, einerseits weil auf den Park-Straßen ohnehin nur 30–40 km/h erlaubt sind, zum anderen, weil selbst dann, wenn man eine Schlange von mehreren Fahrzeugen anführt, kaum jemand hupen oder gar ein riskantes Überholmanöver versuchen würde.

Zusätzliche Radwege erschließen die Umgegend für diejenigen, die selbst ihre Fahrräder am Wagen oder Anhänger mitgebracht haben, was man sehr häufig sieht, oder die solche am Besucher-Zentrum ausleihen.

Wer reiten kann, wird sich besonders darüber freuen, daß man in fast jedem Park »fromme« Pferde für Stundenausritte oder Tagestouren mieten kann. Die Tiere sind ortskundig und auch für den Ungeübten kaum problematisch, meist wird man von einem Ranger geführt. Als Bekleidung genügen die landesüblichen Jeans, während Reitstiefel selten getragen werden, höchstens die halblangen »Texas boots«.

Rauchen ist nicht nur in allen Räumen der Besucher-Zentren (Vortragssäle, Museen, Kinos usw.) verboten, sondern natürlich auch auf den Wanderpfaden aller Parks, um sie nicht durch Wald- oder Steppenbrände zu gefährden, denn sie würden vor allem in den ariden Zonen und der trockenen Hochsaison vernichtend für die Vegetation und

Tierwelt sein. Viele Parks verfügen deshalb über ein eigenes Waldfeuer-Beobachtungssystem, Feuerwehren und Hubschrauber-Einsatztruppen, weil Brände durch Blitzschlag nicht zu vermeiden sind und sofort eingedämmt werden müssen. Zur Vorsorge gegen Waldbrand-Ausbreitung werden deshalb vielerorts auch künstliche kontrollierte Brände angelegt, um dadurch später unbrennbare Sicherheitsschneisen zu erhalten.

Da jegliche Jagdausübung innerhalb der Parkgrenzen strikt verboten ist, müssen mitgeführte Waffen entladen, demontiert und verpackt sein. Sie dürfen auf keinem Wanderweg mitgeführt werden.

Hingegen ist Angeln, der wohl verbreiteste Volkssport Nordamerikas, überall erlaubt und wird durch jährliches Einsetzen vieler Millionen von Jungfischen ergiebig gehalten. Allerdings bestehen unterschiedliche örtliche Regelungen über den erlaubten Umfang des Fischens, meist in Form von ausgehängten Vorschriften, wieviel Fische welcher Art und Größe pro Tag gefangen werden dürfen. Es ist ebenso erstaunlich wie erfreulich, beobachten zu können, wie gewissenhaft sich die Einheimischen tatsächlich daran halten, obwohl die Chance, bei Verstoß gegen diese Vorschriften »erwischt« zu werden, allein durch die Unübersichtlichkeit der weitläufigen Areale minimal ist. Aber auch hier wird wieder deutlich, um wieviel mehr der Amerikaner sich in seinen Persönlichkeitsansprüchen einzuschränken bereit ist, um die freiheitliche Entfaltung der Allgemeinrechte nicht zu beeinträchtigen.

Hunde und andere Haustiere (pets) müssen stets angeleint werden oder im Wagen oder Zelt bleiben, auf den Pfaden sind sie fast nirgends erlaubt, damit die Tierwelt nicht gestört wird.

In einem Naturschutzgebiet versteht es sich eigentlich von selbst, keine Pflanzen zu pflücken, Tiere zu belästigen, Versteinerungen oder Mineralien zu sammeln, Samen zu ernten, Feuerholz zu machen, auch nicht von abgestorbenem oder Treibholz, natürliche Sehenswürdigkeiten oder historische Stätten zu beschädigen. So wird auf diese Regeln auch nur am Rande aufmerksam gemacht, weshalb man sie aber trotzdem einhalten sollte. Dies betrifft auch das achtlose oder absichtliche Abweichen von den vorgesehenen Straßen und Wegen. Es ist daher gut, zu wissen, daß alle auch nur einigermaßen besuchenswürdigen Plätze und Regionen so durchdacht und großzügig erschlossen sind, daß man tatsächlich keinen Fuß von angelegten Pfaden zu setzen braucht, um die schönsten Aussichtspunkte und Landschafts-Szenerien uneingeschränkt erleben und festhalten zu können, zumal an diesen Stellen meist Informationstafeln stehen, die alle wünschenswerten Detailkenntnisse vermitteln.

Ranger

Im übrigen sollten Sie immer fragen. »Wenn Sie je im Zweifel sind, was Sie tun sollten oder wissen möchten, wenden Sie sich bitte an einen Ranger. Er ist dazu da, Ihnen behilflich zu sein«, so kann man in jedem der kostenlosen Parkführer nachlesen. Und das ist keine leere Phrase, sondern wird tatsächlich so und in der angenehmsten Weise gehandhabt. Scheuen Sie sich also nicht, mit einem Auskunftsersuchen, einer Anregung oder auch einer Klage an einen Ranger heranzutreten, selbst wenn Sie glauben, der Landessprache nicht genügend kundig zu sein. Sie können stets auf ein offenes

Ohr vertrauen und freundliche Bereitschaft erwarten. Denn obwohl uniformiert und mit einer zunächst ungewohnt aussehenden Kopfbedeckung versehen, sind Ranger wohlausgebildete Regierungsbeamte, deren einzige Aufgabe die Pflege des Naturschutzgebietes und die Verfügbarkeit für das erholungsuchende und lernbereite Publikum ist.

Als Beispiel für die Kontaktfreudigkeit der Parkhüter scheint eine Alltagsbeobachtung typisch: Wenn Sie mit dem Wagen durch die ausgedehnten Wegeführungen eines Parks fahren, werden Sie immer wieder den hellgrünen Dienstwagen des National-Park-Service begegnen. Schauen Sie nur freundlich hinüber beim Vorbeifahren, denn der Ranger wird Sie fast stets mit einem Lächeln oder Handwink grüßen, obwohl er das auf seiner Route täglich viele hunderte Male anderen Touristen gegenüber schon getan hat oder noch tun wird. Eine Geste, an die man sich gerne gewöhnt.

Haben Sie aber einmal an einer nicht dafür vorgesehenen Stelle gehalten, um zu filmen, und ein Ranger-Auto hält unvermittelt, so erschrecken Sie bitte nicht. Er wird Sie lediglich fragen, ob alles in Ordnung sei oder Sie irgend Hilfe brauchen. Vielleicht in einem Nebensatz wird er anmerken, daß hundert Meter weiter ein Parkplatz mit noch schönerer Aussicht liegt, und sich mit dem Wunsch »have a nice day« verabschieden.

Haben Sie sich versehentlich aus dem Wagen ausgesperrt, kein Benzin mehr oder sonstigen Ärger mit dem Auto, sich gar verletzt oder gesundheitliche Unpäßlichkeit, der Ranger auf Patrouille wird Ihnen mit seiner Sprechfunkverbindung im Wagen schnelle Hilfe besorgen, falls er nicht selbst mit seinem Bordwerkzeug oder der Notapotheke aus der Affäre helfen kann.

Bieten Sie ihm aber nie ein Trinkgeld an. Das würde als Beleidigung aufgefaßt werden können, denn seine Hilfsbereitschaft ist ganz einfach selbstverständlich. Übrigens gilt dies nicht nur in den National-Parks, sondern praktisch überall im Lande und bei allen Formen zwischenmenschlicher Alltagsbeziehungen, beim Einkauf im Supermarkt, im Camping wie beim Warten auf den Omnibus oder das Flugzeug, in der Post oder ganz allgemein im Straßenverkehr, der deshalb, verglichen mit europäischem Fahrverhalten, nahezu erholsam genannt werden kann, wozu die außerhalb der Stadtbereiche durch die großen Weiten des Landes sehr geringe Dichte des Verkehrs maßgeblich beiträgt.

Haben Sie unterwegs auf den Fernstraßen Schwierigkeiten mit dem Fahrzeug, so brauchen Sie nur die Motorhaube als allgemeinverständliches Signal zu öffnen, und es wird nicht lange dauern, bis jemand anhält und Ihnen Hilfe anbietet. So können Sie eigentlich nirgends in den USA verlorengehen, selbst in den einsamsten Gegenden des Mittelwestens nicht, wo Ihnen manchmal eine halbe Stunde lang kein Auto begegnet, wenn aber, dann wirft Ihnen der Fahrer bestimmt eine grüßende Hand zu.

Wahl des Fahrzeugs

Sie sehen, daß ich bereits wiederholt von der Voraussetzung ausgegangen bin, sich als Individual-Tourist unabhängig mit dem eigenen Fahrzeug im Lande zu bewegen. Das muß aber nicht etwa heißen, daß Sie Ihren eigenen Wagen mitbringen sollten, was einige Vorteile haben kann, wenn man beabsichtigt, ihn nach Abschluß der Reise drüben zu verkaufen. Das lohnt aber nur bei Wagen, die auf dem US-Markt gut eingeführt und reputiert sind. Besser ist es schon, sich für einige hundert Dollar oder mehr ein wenige Jahre altes Gebrauchtfahrzeug zu kaufen. In den »gelben Seiten« der Telefonbücher finden Sie genügend Adressen von Händlern aller bedeutenden Marken, die meist eine große Anzahl von Modellen der vergangenen Jahre stehen haben, welche für Neuwagen in Zahlung genommen wurden. Sind sie optisch einigermaßen in Ordnung, braucht man einen Kauf meist nicht zu scheuen, wenn man nur hartnäckig genug zu handeln bereit ist; größere Reparaturen sind kaum zu erwarten, denn die großvolumigen PS-starken Motoren werden infolge allgemeiner Geschwindigkeitsbeschränkung auf 88 km/h nie voll beansprucht, die robusten Fahrgestelle auf den glatten Straßen wenig belastet und die soliden Karosserien in den südlichen Sonnenstaaten zwischen Florida und Kalifornien mangels Regen und Schnee lange in gutem Zustand erhalten.

Da sich diese Staaten, wie später noch erläutert werden wird, besonders gut als Standort für kürzere oder mehrwöchige Rundtouren durch die bemerkenswertesten Landschaften und zu den schönsten National-Parks eignen, sollte man diese Zusammenhänge kennen und die sich ableitenden Möglichkeiten vorrangig im Auge haben. Am Zielflughafen angekommen, kann man z. B. einen gebrauchten Wagen erwerben und mit dem Händler einen Rückkaufvertrag abschließen, mit einem zu vereinbarenden Zeit- und Meilenlimit. Dann hat der Händler sein Fahrzeug nach einigen Wochen wieder mit Gewinn, und man kommt für eine längere Reise im »eigenen« Wagen mit 200 – 300 Dollar Gesamtkosten aus, exclusive Benzin natürlich, das aber in den USA durchschnittlich nur die Hälfte des europäischen Preises kostet.

Die Kfz-Steuer wird in Form des Kaufes eines Kennzeichens (license plate) entrichtet und beträgt, für die einzelnen Staaten unterschiedlich, 15 – 50 Dollar pro Halbjahr. Der Führerschein europäischer Länder wird mindestens ein Jahr anerkannt, ein Internationaler Führerschein nicht verlangt, kann aber wegen seiner Vielsprachigkeit im Bedarfsfall von Vorteil sein, auch beispielsweise wenn man den nationalen mal verlegt oder verliert.

Eine notwendige Kfz-Haftpflichtversicherung können Sie, falls auf den Gebrauchtwagen keine mehr läuft, entweder an Ort und Stelle über den Händler abschließen, oder meist billiger über die »American International Underwriters« Frankfurt/M. oder Washington D. C., die in jeder größeren amerikanischen Stadt ihre Büros unterhält. Auch über den größten amerikanischen Automobil-Club, »AAA« (Triple A genannt), mit dem der ADAC enge Verbindung unterhält, kann man in jeder Stadt günstige Kfz-Versicherung erhalten, möglichst unter Vorlage der ADAC-Mitgliedskarte.

Anhänger

Wer längere Zeit, d. h. viele Monate in den USA bleiben und reisen will, fährt mit Sicherheit am billigsten mit einem dort gekauften Gebrauchtwagen, mit Wohnanhänger oder am komfortabelsten und problemlosesten mit einem Wohnmobil (Motorhome). Hiermit ist er völlig unabhängig, auch sprachlich, und braucht vor allem sein Reisegepäck nicht immerfort an jedem Motel aus- und einzupacken. Solche Art des Reisens empfiehlt sich vor allem für Leute mit viel Zeit, also Pensionäre, die damit gleichzeitig dem europäischen Winter elegant ausweichen können, indem sie Florida oder die westlichen Südstaaten mit ihren vielgestaltigen Reizen erkunden, oder sich an einem der herrlichen Strände auf die faule Haut legen.

Leihwagen

Wem aber nur wenige Wochen zur Verfügung stehen, der fährt bei völligem Erhalt seiner unabhängigen Reisedispositionen am billigsten und bequemsten mit einem Leihwagen. Die Kosten hierfür entsprechen bei den zahlreichen über die ganze Nation verbreiteten Gesellschaften (Avis, Hertz, Budget, National usw.) durchschnittlich nur einem Viertel oder weniger des in Europa geforderten Preises, obwohl die Wagen meist größer und bequemer sind, vor allem Automatik-Getriebe haben. Zu ausgesprochenen Billig-Tarifen bekommt man europäische und japanische Kompakt-Wagen (Käfer, Golf, Honda, Toyota) angeboten, die sich insbesondere für Einzelreisende lohnen. Wer es noch billiger haben möchte, der frage in seinem Motel oder der nächsten Tankstelle, welches der vielen kleineren meist ortsgebundenen Leihwagen-Unternehmen am günstigsten ist. Dort kommt man leicht zu einem zuverlässigen Wagen für 5 – 8 Dollar pro Tag incl. Steuer und Versicherung, muß ihn jedoch meist am gleichen Ort wieder zurückgeben, während die Wagen der großen Gesellschaften irgendwo im Lande – am besten schon am Zielflughafen – gemietet und in einer beliebigen anderen Stadt des riesigen Kontinentes abgegeben werden können. Wer für mehrere Wochen abschließt, bekommt einen beträchtlichen Rabatt. Für ausländische Touristen werden bei Vorlage des Passes und insbesondere von Automobilclubs in Vertrag genommenen Unternehmen weitere Abschläge gewährt. Eine vorherige Anfrage beim heimatlichen Club nach mit diesem assoziierten Leihwagenfirmen ist zweckmäßig, wie auch Preisvergleiche am Ort.
Wer gewöhnt ist, mit mehr Komfort zu reisen als lediglich einem Leihwagen und in Motels, der kann sich auch komplette Reisemobile mieten z. B. ein Wohnmobil (Motorhome), Wohnanhänger (Travel trailer), Kofferaufbau-Camper (Vancamper) oder Zelt- und Gepäck-Anhänger (Tent camper). Allerdings empfiehlt es sich für den, der während der Hochsaison fahren will, rechtzeitig, d. h. schon Monate voraus Buchungsvereinbarungen zu treffen. Am ehesten bietet sich hierfür die Zusammenarbeit mit einem der großen europäischen Automobil-Clubs an, die eine reichhaltige Palette von Fahrzeugen, Startorten, Routen und Zeitumfängen offerieren, meist schon mit preisgünstigem Hin- und Rückflug.
Damit hat man dann alles aus einer Hand, braucht sich um keinerlei Einzelheiten zu kümmern, zahlt einen festen Preis für einen wählbaren Zeitpunkt und Reiseumfang, Fahrzeug, Versicherung, Tourenberatung oder, falls gewünscht, Reiseleitung für ganze Fahrzeuggruppen. Bequemer geht es wirklich nicht.

Anflug

Erwägenswert sind aber auch billige Charterflüge, meist als Gruppenflüge angeboten von Hausfrauen-, Sport- oder Geselligkeitsvereinen, Jugend-, Geschäfts- oder Politiker-Gruppen. Auch die ABC-Flüge bieten weitaus günstigere Tarife als das normale

Flugticket und sind neuerdings auch für längere Hin-Rückflug-Zeitintervalle vorgesehen. Schließlich ist ein Preisvergleich mit der »Icelandair/Loftleidir«-Linie angeraten, da dieselbe als einzige europäische Fluggesellschaft nicht den internationalen IATA-Vereinbarungen unterworfen ist, dafür aber nur von Luxembourg-Findel aus startet.

Straßenverkehr

Solchermaßen vorinformiert, und vielleicht etwas in Schwung gekommen, werden Sie vermutlich trotzdem noch Bedenken haben und wissen wollen, wie man sich denn im amerikanischen Straßenverkehr zurechtfinde, nachdem hier offensichtlich völlig irrige Vorstellungen darüber bestehen. Dazu könnte man einfach mit der geläufigen Redensart »forget it« antworten, was soviel heißt, wie etwa »darüber brauchen Sie sich überhaupt keine Gedanken zu machen«. Denn: Alle Verkehrsregeln sind drüben die gleichen wie in Europa, alle Schilder identisch mit unseren. Aber trotzdem besteht ein ganz erheblicher Unterschied, allerdings ein positiver, so daß man in den USA bedeutend müheloser und ungefährdeter, ruhiger und sicherer fährt. Dies hat mehrere Gründe. Einerseits sind die Straßen breiter, großzügiger trassiert und hervorragend beschildert. Sich zu verfahren ist praktisch unmöglich, auch in den großen Städten. Scharfe Kurven oder Steigungen über 7% gibt es im Lande selbst auf Straßen »dritter Ordnung« praktisch nicht. Vor allem aber fehlt drüben völlig die hier sehr lästige Verkehrs-Rivalität zwischen Fahrern unterschiedlichen Alters oder verschiedener Marken. Riskante Überholmanöver sind nicht nur unüblich, sondern wegen der überall gültigen Geschwindigkeits-Beschränkung auf 88 km/h auch sinnlos. Beim Einbiegen verständigt man sich im Zweifelsfall gelassen durch ein Handzeichen. Blinksignale oder auch nur Hupen sind daher unnötig und deshalb absolut ungebräuchlich, ebenso wie reifenquietschendes Anfahren oder Kurvenschlitzen – ein paar Halbwilde oder Dreivierteldumme ausgenommen, die es aber wohl überall gibt. Grundsätzlich fährt der typische Amerikaner bedeutend langsamer und ausgeglichener und dadurch sicherer. Vor allem auch deshalb, weil nahezu alle Wagen mit automatischen Getrieben ausgerüstet sind, was an sich schon eine entspanntere Fahrersituation begünstigt. Aber auch, weil innerorts wenig Grund zur Eile besteht, denn die Arbeitszeiten sind viel unterschiedlicher als hier, und alle Geschäfte sind bis mindestens 21 Uhr geöffnet, viele auch übers Wochenende, manche sogar 24stündig. So verteilt und entkrampft sich der Verkehr weitgehend, wenn man von den mit Recht gefürchteten »rush hours« der großen Industriestädte und natürlich New Yorks einmal absieht. Aber diesen kann man als Tourist ja mühelos ausweichen.

Straßenkennzeichnung

Das Straßen-System ist im ganzen Lande einheitlich nach den Himmelsrichtungen, in die man zu fahren beabsichtigt, also Ost, West, Nord, Süd, geordnet und mit Ziffern gekennzeichnet.
Die »National Interstate Highways«, kurz Interstates genannt, sind in der Richtung von Ost nach West mit geraden Zahlen versehen, wobei sich die niedrigste Zahl im Süden findet und die höchste im Norden.

Interstates, die von Norden nach Süden führen, tragen ungerade Ziffern, deren niedrigste im Westen liegt, die höchste im Osten.

Transkontinentale Interstates von Ost nach West tragen eine »0« am Ende der zweistelligen Zahl (z. B. 10, 40, 90), während solche von Nord nach Süd mit einer »5« enden.

Bei den US-Highways ist es umgekehrt: Gerade Zahlen für Straßen von Osten nach Westen, die niedrigste Zahl im Norden, die höchste im Süden.

Ungerade Zahlen für Highways, die von Norden nach Süden verlaufen, mit der niedrigsten Zahl im Osten und der höchsten im Westen.

In jedem Falle ist es wichtiger, neben der Ziffernangabe auf die vermerkte Himmelsrichtung zu achten, als auf eventuelle Städtenamen oder Reiseziele, da dieselben oft auf verschieden verlaufenden Straßen erreichbar sind.

Die Umgehungs-Ringstraßen bei größeren Städten sind meist dreistellig und haben eine gerade erste Zahl. Ist sie ungerade und zweistellig, so führt sie meist durch das Stadtzentrum, in der Regel mit vielen Ausfahrten.

Staats-Straßen tragen meist die Abkürzung des betreffenden Staates, oft auch dessen typische Umriß-Figur neben einer zwei- oder dreistelligen Ziffern-Kennzeichnung (2. oder 3. Ordnung), wobei solche mit gerader Zahl vorwiegend ostwestlich verlaufen, diejenigen mit ungerader nordsüdlich.

Streckenweise gemeinsamer Verlauf unterschiedlicher Straßentypen (z. B. US- u. Staatsstraßen) ist nicht selten und jeweils entsprechend beschildert.

Manche Brücken, Turnpikes, Thruways, Expressways, Freeways usw. sind als sog. »Toll-Roads« gebührenpflichtig. Der geforderte Betrag ist weit voraus angegeben und abgezählt bereitzuhalten, die Quittung bis zur Ausfahrt aufzubewahren.

Auf den für Urlauber hauptsächlich in Frage kommenden Fernstraßen geht es tatsächlich geradezu gemütlich zu, weil das Tempolimit wirklich von beinahe jedem eingehalten wird. Kein Wunder, denn die Strafen bei Übertretungen sind recht drastisch und daher wirksam. Wer 100 statt 88 fährt, kann mit einem $ 20.– ticket rechnen, wer Abfall oder gar eine brennende Zigarettenkippe aus dem Wagenfenster wirft, wird z. B. in Kalifornien mit bis zu 499.– Dollar und sechs Monaten Gefängnis rechnen müssen, in manchen Staaten sogar unter Androhung sofortiger Inhaftierung. Sie werden glauben können, daß die Straßen sauber sind.

Dies wird allerdings begünstigt durch an allen Fernstraßen in regelmäßigen Abständen stehende Müllkübel, die jeweils durch ein Schild »½ mile litter can« vorangekündigt sind, ebenso wie durch die vielen Rastplätze, Parkausfahrten, Wasserzapfstellen und Fotografier-Punkte.

Eine Verkehrsdichte, wie sie auf europäischen Autobahnen inzwischen ganztägig die Regel ist, wird man in Nordamerika auch in der Hochsaison niemals finden. Dafür ist das Land einfach zu weit, die Entfernungen zwischen den großen Städten zu groß. Der Verkehr verteilt sich von selbst.

Das Telefonsystem

Das amerikanische Telefon-System ist in den Händen privater Gesellschaften. Das führt zu Wettbewerbsbedingungen, die für den Verbraucher höchst vorteilhaft sind.

Vor allem findet man ein sehr dichtes Netz von Telefonzellen in Einkaufszentren, an Parkplätzen, an den Fernstraßen, ja an entlegendsten Stellen des Hinterlandes, natürlich auch in allen National-Parks und Erholungsgebieten. Die Bedienung ist einfach und jeweils am Apparat aufgedruckt. Kennt man die Vorwahlnummer (area code), so kann man direkt wählen, bei Ferngesprächen (long distance call) auch über die »0«, bei der sich die Vermittlung (operator) meldet und ansagt, welchen Betrag man in verschiedenen Münzen einzuwerfen hat. Kleingeld in genügender Menge bereitzuhalten, empfiehlt sich daher. Aber man kann auch auf Kosten des Anzurufenden telefonieren, will man es Freunden oder Verwandten überlassen zu bezahlen, denen das Gespräch zu einem niedrigeren Tarif in Rechnung gestellt wird. Man verlangt dann vom »operator« ein sog. »collect call«. Hat man die gewünschte Telefonnummer nicht zur Hand, wird sie von der Vermittlung schnell und kostenlos herausgefunden. Ein 3-Minuten-Gespräch nach 17 Uhr innerhalb des gesamten USA-Bereichs ausschließlich Alaskas und Hawaiis kostet weniger als $ 1.00, ebenfalls jederzeit sonnabends, und sonntags bis 17 Uhr. Ein 3-Minuten-Gespräch nach Europa liegt unabhängig von der Tageszeit zwischen fünf und sieben Dollar. Die Vermittlung berät Sie gerne, zu welcher Zeit die Gebühren am niedrigsten sind.

Haben Sie Fragen oder Probleme, die mit Ihrer Reise zusammenhängen, so wählen Sie, wo immer Sie im Lande sind, gebührenfrei die Nr. 800-255-3050 (ausgenommen Alaska und Hawaii; in Kansas die 1-800-332-4350) und tragen Sie Ihr Anliegen vor. Sind Sie nicht genügend englischkundig, fragen Sie nach dem Dolmetscher Ihrer Landessprache. So bekommen Sie mühelos Informationen über Luft-, Bahn-, Busverbindungen, Hinweise auf Touristenattraktionen, Öffnungszeiten von Museen oder Theatern, verfügbare Hotels oder was sonst Sie brauchen.

Unterkünfte

Wer nicht mit einem Campingfahrzeug unterwegs ist und also nicht unter den 600 000 Stellplätzen im Lande wählen kann, sondern mit einem Leihwagen, der wird natürlich um die jeweilige nächtliche Unterkunft selbst bemüht sein müssen. Aber das ist wirklich kein Problem; auch hier gilt der Spruch: Amerika, Du hast es besser. Denn überall im Lande besteht ein Überangebot an Motels, die durch Hinweisschilder am Straßenrand schon meilenweit vor Erreichen einer Ortschaft angekündigt sind, meist mit Preisangaben und weiteren Informationen, so daß man schon im voraus Vergleiche ziehen und disponieren kann.

Die Motel-Zimmerpreise liegen je nach Ausstattung ziemlich einheitlich in allen Staaten bei 12.00 – 20.00 Dollar für zwei Betten, jedes weitere Bett gewöhnlich $ 3.00 mehr. Die Einrichtung ist stets sauber, wenn auch im Hinterland manchmal einfach. Aber zumindest Radio, wenn nicht Fernseher, gehören dazu.

Etwas teurer und in der Ausstattung aufwendiger bis zum mittleren Luxus sind die Motels, die von Großunternehmen unter stets gleichen Namen geführt werden, z. B. »Holiday Inn«, »Ramada Inn«, »Travelodge«, »Howard Johnson«, »Quality Inn«. Hier findet man nicht nur eine reiche Auswahl guter und landestypischer Speisen, sondern auch Gesellschaftsräume, Swimming Pool und Farbfernseher sowie zentrales Radiosystem in jedem Zimmer.

Radio

Überhaupt sollten Sie auch beim Fahren fleißig Radio hören. So gewöhnen Sie sich schnell an die vom Schul-Englisch doch recht unterschiedlichen Aussprache-Eigenheiten des Amerikanischen und Ihrer augenblicklichen Reiseregion, lernen nebenbei Ausdrücke und Alltagsformulierungen, hören den Wetterbericht und stündlich Kurznachrichten. Wenn auch die eingestreuten Reklame-Spots manchen etwas stören mögen, so verkürzt und würzt doch die meist angenehme Unterhaltungsmusik auf langen Strecken die Zeit und hält munter. Man sollte ja auch mit dem Lande kommunizieren, in dem man reist.

Anhalter

Anhalter gibt es natürlich auch drüben, und oft sehen sie noch etwas abenteuerlicher aus als hierzulande, sind aber meist Studenten oder zumindest aus der mittleren Gesellschaftsschicht und während der Ferien auf eigene Faust oder mit der Freundin unterwegs, »to rediscover USA«. Zwar sollten Sie nicht grundsätzliche Befürchtungen haben oder aus unbegründetem Mißtrauen unfreundlich sein, denn gerade durch solche Jungabenteurer, die oft recht belesen sind, können Sie hochinteressante Reisetips bekommen; die rechtlichen Konsequenzen z. B. bei Verkehrsdelikten, vor allem für den Ausländer, sind jedoch kaum abzuschätzen, weshalb man die Mitnahme von »hitchhikers« besser den Einheimischen überlassen sollte. An den Autobahnen mancher Staaten sieht man denn auch Verbotsschilder gegen Anhalter, wohl aber nur deshalb, um den Verkehrsfluß nicht zu stören, denn im allgemeinen ist man drüben Anhaltern gegenüber recht aufgeschlossen.

Essen und Trinken

Zur Lebensmittelversorgung des täglichen Lebens bedarf es nur geringen Zeitaufwandes. Entweder man ißt unterwegs – und zu jeder Tageszeit – in einer der unzähligen Kiosk-Gaststätten mit Selbstbedienung (»McDonalds«, »Kentucky Fried Chicken«, »Pizza Hut«) oder in einer Schnellgaststätte, einem Steak House, einer Imbißhalle von Warenhäusern. Was auch immer Sie bevorzugen, stets werden Sie innerhalb weniger Minuten Ihre Mahlzeit haben, denn auch hier gilt »time is money«.
Wer es aber noch eiliger hat, unterwegs während der Fahrt essen möchte oder für sein eigenes Essen im Motel oder Camping vorsorgen will, dem stehen üppig ausgestattete »Supermarkets«, oft innerhalb von Einkaufszentren (shopping centers), zur Verfügung. Hier bekommt man nicht nur Nahrungsmittel jeder Kategorie, sondern praktisch jede Kleinigkeit des täglichen Bedarfs, vom Frischfleisch bis zum Werkzeug, von der Zeitungsauswahl bis zum Sherry. Vor allem im Westen sollte man sich die köstlichen kalifornischen Weine nicht entgehen lassen, die es selbstverständlich auch andernorts gibt.
Wer allerdings gewöhnt ist, stärkere Alkoholika zu konsumieren und den berühmten Bourbon Whiskey an Ort und Stelle kosten möchte, der trifft in manchen Staaten, den sogenannten »dry states«, noch Restzustände der Alkohol-Prohibition der frühen

30er Jahre an. Beispielsweise in Utah, Virginia, aber auch andernorts, ist der Verkauf von hochprozentigen Getränken durch staatlich kontrollierte Geschäfte geregelt, in denen man über ausgehängte Listen den »Stoff« wählen und über einen auszufüllenden Bestellzettel am Schalter erhalten kann. Immerhin ist die individuelle Wahl aus dem sehr reichhaltigen Angebot möglich und der Kaufumfang unbegrenzt. Nur die Öffnungszeiten sind recht kurz, wodurch manch vorgesehener Schlaftrunk vereitelt wird, wenn man nicht vor 17 Uhr disponiert hat.

In den meisten Staaten ist das Verfahren jedoch völlig unkompliziert. Man bekommt Wein und Bier in jedem Supermarket oder Lebensmittelgeschäft, härtere Sachen, umgangssprachlich »booze«, in Liquor Stores, deren Straßenreklame-Schilder meist unübersehbar sind. Die amerikanischen Biere werden ausschließlich in Aluminiumdosen angeboten und sind vergleichsweise dünn aber preiswert.

Um so mehr lohnt es sich, die sagenhaft guten Eiscremes zu kosten, entweder an einem der vielen »Icecream Parlor« oder direkt aus den Tiefkühltruhen der Supermarkets in reichlichen Plastikbehältern.

Kleidung

Bekleidung ist in USA dank billiger Baumwolle und hoher Kunstfaserproduktion sehr preisgünstig. Es lohnt sich daher kaum, viel Freizeitkleidung oder Unterwäsche mit hinüberzunehmen, weil man sie dort weitaus vorteilhafter einkaufen kann.

Viel Bargeld in Dollars mitzunehmen ist wegen Verlustgefahr nicht zweckmäßig, denn Traveller-Checks (in US-Dollar!) werden an der Kasse jeden Geschäftes, in Hotels, Verkehrsmitteln und, wo immer Sie wollen, wie Bargeld angenommen und mit solchem herausgegeben.

Geldverkehr

Wer länger bleiben will als nur wenige Wochen, kann Zinsverluste durch Kauf eines größeren Dollarbetrages oder von Traveller-Checks dadurch vermeiden, indem er sich von seiner Bank zusätzlich eine Kreditkarte von »Amexco« »VISA«, oder »Eurocard/Mastercharge« ausstellen läßt. Mit dieser kann man dann völlig bargeldlos in jedem Mittelklasse-Hotel, bei allen Flug-, Bahn- und Busgesellschaften, Leihwagenunternehmen oder Tankstellen lediglich durch Vorlage der Kreditkarte und Unterschrift bezahlen. Außerdem ermöglicht die Credit Card, in den Vertretungen der Amexco etc. gegen persönlichen Scheck (Eurocheck) bis zum Wert von je DM 1000,– Traveller-Checks in US-Dollar nachzukaufen. Die Abrechnung bei der Heimatbank trifft meist erst zum Quartalsende ein, wodurch man zusätzlich Zinsen auf seinem Konto spart.

Planung · Klima

Bei der Reiseplanung und Überlegung, welche Sehenswürdigkeiten in welchen Gegenden der USA Sie sehen sollten und zu welcher Zeit Sie dies tun können, ist die Beachtung der klimatischen Gegebenheiten von großer Bedeutung. In diesem Zusammenhang muß vor allem stets an die immense Ausdehnung des Landes von Nord nach Süd und Ost nach West gedacht werden, wie auch an die stark unterschiedliche Höhe über dem Meeresspiegel. Große Teile des Westens und von Texas liegen über 1500 bis 2500 Meter. Dies hat zur Folge, daß man sich auch in südlicheren Regionen gelegentlich noch im Mai unversehens im Schnee wiederfindet (Grand Canyon, Bryce Canyon, Cedar Breaks) und seine Vorhaben umdisponieren muß.

Entsprechende Überlegungen bei der Reiseplanung in der besonders empfehlenswerten Frühjahrszeit sind daher für die vorgesehene Streckenführung am Platze. Am besten fährt man im Frühsommer von Süd nach Norden, von der Küste ins höher gelegene Binnenland, gleich ob vom Atlantik oder Pazifik (Sierra Nevada, Rocky Mountains, Appalachen usw.) oder im Herbst in umgekehrter Richtung, damit man sich an der unbeschreiblichen Laubfärbung des viel artenreicheren Mischwaldes erfreuen kann. Die beste Zeit hierfür ist je nach Witterungsverlauf des Jahres die zweite und dritte Oktoberwoche.

Zeitzonen

Wenn man größere Strecken innerhalb des Landes zurücklegt, sei es im Leihwagen oder gar mit öffentlichen Verkehrsmitteln, wird man sehr sorgfältig darauf achten müssen, in welcher Zeitzone – Amerika hat deren vier von Ost nach West – man sich gerade befindet. Hinzu kommt, daß die meisten US-Staaten während der Sommermonate eine »Sommerzeit«, die sog. »Daylight Savings Time« (DST), zwecks Energieeinsparung eingeführt haben, über deren Dauer und Gültigkeitsgrenzen man sich informieren muß, denn manche Staaten schließen sich dieser Regelung nicht an, so daß, wenn man über eine Zeitzonengrenze fährt, die mit einer Grenze zwischen Staaten unterschiedlicher Regulierung zusammenfällt, man die Uhr gar 2 Stunden vor- oder zurückstellen muß, um z. B. keinen Bus oder Anschlußflug zu verpassen. Um sich über die lokale Zeit während der Überlandfahrt auf dem laufenden zu halten, ist es am einfachsten, zur vollen Stunde das Radio einzuschalten. Viele Stationen bringen die Nachrichten allerdings schon fünf Minuten vor der vollen Stunde, jeweils mit Zeitansage und Wetterbericht. Das übrige Programm enthält vorwiegend leichte Musik, jeweils typisch für den betreffenden Staat, beispielsweise »country music« in Tennessee oder »music for dreaming« in Kalifornien. Da alle Radiostationen in Privathand sind und sich also rentieren müssen, sind häufige Werbe-Einblendungen unvermeidlich.

Reiseführer

In den Städten findet man häufig auf Dächern und Reklamen beleuchtete Anzeigen, die abwechselnd die Zeit und Temperatur angeben. Dabei wird man daran erinnert, daß letztere hier noch nach Fahrenheit gemessen wird. Aber daran gewöhnt man sich schnell im Ferienwetter-Bereich, wenn man sich 68° F für 20 °C und 86° F für 30 °C merkt. Ausführlicher steht es im Reiseführer, den man auf alle Fälle haben sollte. Der Baedeker ist der beste, er sollte jedoch laufend ergänzt werden durch die reichlichen Touristenbroschüren, die an fast allen Staat-zu-Staat-Grenzen in den sog. »Welcome

Stations« frei aufliegen. Dort gibt es auch kostenlose Straßenkarten des jeweiligen Staates, Hotel- und Campingverzeichnisse sowie eine Fülle von Werbe- und Prospektmaterial. Falls man spezielle Informationen wünscht, die nicht verfügbar erscheinen, frage man die Hostess, am besten gleich mit dem Hinweis, daß man Auslandstourist ist. Auch Amerika verachtet Devisen nicht.

Straßen-Atlas · Campingführer

Auf jeden Fall braucht man einen eigenen Straßenatlas, der Übersicht und Details gleichermaßen bietet. Dazu Stadtpläne, Entfernungstabellen, Zeitzonen, Material über National-Parks, Radiostationen und das Camping. Ein zusätzlicher Campingführer ist erfahrungsgemäß ratsam, ermöglicht er doch die rechtzeitige Wahl des besten und billigsten Platzes im Bereich des Tageszieles. »Road Atlas« und »Guidebook to Campgrounds«, wie auch andere für die Reise wichtige Informationswerke, sind am besten vom Verlag Rand McNally.
Sehr praktisch sind auch die maßstäblich meist etwas größeren Straßenkarten, die man an allen Tankstellen, ausgenommen die ca. 10% billigeren »Markenfreien«, auf Nachfrage bekommt. Oft liegen dort nicht nur Karten ihres Staatsbereiches auf, sondern auch die der rundherum angrenzenden. Man zögere nicht, sich rechtzeitig damit einzudecken. Kleinere oder größere Reparaturen werden in den, vielen Tankstellen angegliederten, Reparaturwerkstätten durchgeführt und nötige Ersatzteile aus einem Verkaufslager der betreffenden Automarke schnell besorgt. Auch hier können Sie mit Bedienung bis ca. 21 Uhr rechnen, wie auch sonnabends und sonntags, vor allem in stärker besiedelten Gegenden, wo jeder glücklich sein kann, einen festen Arbeitsplatz zu haben. Wer glaubt, nachmittags um sechs nach Hause gehen zu können, braucht am nächsten Morgen gar nicht erst wiederzukommen, denn der Job ist weg. Auf den hatten nämlich 5 Stellungslose bereits seit Monaten gewartet. Dies klingt zwar bedenklich, bringt aber für den Kunden, in welcher Branche auch immer, fühlbare Vorteile, weil es auf die Qualität der Arbeit und die Bereitwilligkeit durchschlägt. »Service is our business« ist ein Slogan, der nicht nur überall im Lande angeschrieben steht, sondern auch praktiziert wird.
Versäumen Sie aber bitte nicht, ein paar Dankesfloskeln einzuflechten. Das ist drüben einfach selbstverständlich. Wenn es gar ein farbiger Mann ist, wird er für Ihre Freundlichkeit besonders empfänglich sein.
Brauchen Sie eine Auskunft, z. B. über die gewünschte Fahrtrichtung, eine bestimmte Straße, das Postamt oder anderes, ist es ebenfalls am einfachsten, eine Tankstelle anzufahren. Fragen Sie am besten nach dem »boss«. Er ist schon länger am Platz, kennt die Gegend, und wird Ihnen gerne helfen, häufig anhand einer in seinen Räumen aufgehängten Straßenkarte oder des Stadtplanes mit Index.
Soweit das Allerwichtigste für die Selbstfahrer, die mit Sicherheit weitaus mehr über Land und Leute erfahren als Touristen in jedem anderen Verkehrsmittel. Trotzdem soll auch an jene gedacht werden, die sich die Welt gerne ansehen möchten, ohne sich viel persönliche Mühe mit Planung und Durchführung einer Reise zu machen. Mancher hat vielleicht auch mal einen Urlaub vom Auto nötig. Dann bieten sich zumindest zwei praktische Wege an, das Land zu durchqueren.

Eisenbahnen

Entweder man läßt sich von seinem Reisebüro eine Rundreise mit den Zügen der privaten amerikanischen Eisenbahngesellschaften ausarbeiten. Dafür bietet sich die für Auslandstouristen geschaffene Superfahrkarte an, der »USA Rail Pass«. Dieser gilt für das »Amtrak«-Streckennetz, dem größten der Vereinigten Staaten und verbindet alle bedeutenden Städte. Er muß allerdings vor Antritt der Reise in Europa mitgebucht werden. Eine Kombination mit Busanschlüssen ist möglich, wie auch die Leihwagennahme zur Anreise in abgelegene Fahrtziele, wie sie die National-Parks in der Regel darstellen.

Überlandbusse

Die andere Möglichkeit wird geboten von dem sehr dichten Verkehrsnetz der Überlandbusse, vor allem der beiden größten Unternehmen »Greyhound« und »Continental Trailways«. Die Wagen bieten Schlafsitze, Toiletten und Klimaanlage, sind pünktlich und halten regelmäßig an Busbahnhöfen, wo man sich in Schnellgaststätten mühelos selbst verköstigen kann. Auch hier werden für Auslandstouristen Dauerkarten und Preisvergünstigungen angeboten, z. B. 3 oder 4 Wochen mit unbegrenzter Fahrtstrecke.

Kontinentale Fluglinien

Wer es eiliger hat, wird die transkontinentalen Strecken am besten fliegen, als Ausländer ebenfalls mit Vorzugsangeboten. Hierzu haben die meisten inneramerikanischen Linien einen Interessenverbund gebildet, der für ihre Routen Sondertarife vorsieht, entweder für mehrere Wochen unbegrenzten Fliegens zu einem Festpreis oder für alle Strecken einen Touristenrabatt. Ihr Reisebüro sollte hierüber Bescheid wissen, wenn nicht, rufen Sie direkt den United States Travel Service, Frankfurt am Main, an.

Souvenirs

Wenn man fremde Länder bereist, wird jeder wohl auch einige Erinnerungen »gegenständlicher Art« mit nach Hause bringen wollen, die einigermaßen typisch sind für die besuchte Region und seine Erlebnisse.
Kitschige Andenken gibt es natürlich auch in Nordamerika, nur noch etwas bunter, billiger und auf den Massengeschmack abgestimmt. Daß diese Rechnung aufgeht, kann man allerorten leicht beobachten; der Durchschnittstourist ist auch drüben von gleicher Anspruchslosigkeit, wenn nur seine Nostalgie und Farbenfreude befriedigt sowie sein historisches Traditionsbewußtsein angesprochen wird.
Was man als Mitbringsel noch am ehesten empfehlen kann, ist der in unzähligen Ornament-Variationen aus Stirling-Silber angefertigte Indianerschmuck verschiedener Stämme, unter denen der mit Türkisen reichverzierte der Navajo zu den schönsten gezählt werden muß. Recht dekorativ sind auch die Flechtarbeiten der Papagos,

Pimas und Yavapai sowie die Töpferei- und Webarbeiten der Hopi-Indianer, die auch strengformalen Silberschmuck herstellen. Auch Glasperlen-Anhänger, Samenkorn-Ketten und »Indian Neckties« werden in vielen Reservaten und Andenkenläden feilgeboten. Hier ist jedoch kritische Zurückhaltung oft am Platze, weil die Indianer inzwischen statt eigener Arbeit Produkte aus Hongkong verkaufen, die auch auf dem europäischen Markte, meist sogar billiger, zu haben sind.

Die nicht nur an den Küsten, sondern bis weit ins Landesinnere gehandelten großen und farbenprächtigen Muscheln des Atlantik und vor allem Pazifischen Ozeans sind meist ebenso preiswürdig und originell, wie sie andererseits das gewichtslimitierte Luftgepäck nur wenig belasten. Wer jedoch noch Reserven für den Rückflug hat, sollte sich vielleicht in einem »Rockshop« nach Achaten und anderen Mineralien oder Halbedelsteinen umsehen, die hier in reicher Auswahl und günstig zu erstehen sind, vor allem in den Staaten der nördlichen Rocky Mountains und südlichen Appalachen.

Fotografieren und Filmen

Die persönlichsten Erinnerungsstücke, die ein Fernreisender mitbringen kann, sind gewiß immer eine Serie gut belichteter Fotos und Schmalfilme, die seine Erlebnisse erhalten und seine Eindrücke vertiefen. Dabei wird vor allem der Tourist des Westens über seine eigenen Leistungen staunen, denn die Fernsicht ist gerade in den interessantesten Teilen des Landes infolge der Höhe und der geringen Luftfeuchtigkeit oft phänomenal. Sichtweiten von 100 bis 300 Kilometern sind keine Seltenheit. Die Ultraviolett-Strahlung, besonders um die Mittagszeit, ist allerdings auch so stark, daß ein UV-Filter, besser noch ein Skylight-Filter, stets vor dem Objektiv belassen werden sollte. Ebenso dringend anzuraten ist eine Kopfbedeckung, nicht nur bei hautempfindlichen Personen, auch weil die Haut bei 35 – 40 °C schnell austrocknet, obwohl diese Temperaturen bei durchschnittlich nur 10% Luftfeuchtigkeit gar nicht als lästig empfunden werden. Trotzdem sollte man stets reichlich trinken, auch vorsorglich, wenn man sich noch gar nicht durstig fühlt, und immer einen genügenden Vorrat an Trinkbarem mit sich führen, wenn man durch die unendlich scheinenden und kaum besiedelten Wüstenregionen fährt.

Filme für alle gängigen Kameras gibt es praktisch überall zu kaufen, wobei sich diejenigen der Marke Kodak am meisten empfehlen, da sie sowohl in USA wie in Europa käuflich sind und nach den gleichen engen Toleranzen hier wie dort hergestellt und entwickelt werden. Sie können also bereits drüben verarbeitet werden, was eine kurzfristige Kontrolle ermöglicht, die bei den sehr unterschiedlichen Lichtbedingungen auf einem anderen Kontinent wertvoll sein kann.

Wer sehr fleißig filmt und fotografiert und daher mit hohem Filmverbrauch rechnet, sollte nicht in Europa einkaufen, sondern in einem der preisgünstigen Supermarkets (z. B. »K-Mart«), wobei er Beschädigungen des unentwickelten Films bei Röntgen-Kontrollen des Gepäcks auf den Flughäfen gleichermaßen vermeidet. Bei diesen Überwachungsstellen gegen Luftpiraterie lasse man auch nie die geladene Kamera mit durchlaufen, sondern reiche sie dem Personal in geöffneter Tasche zur Passage außerhalb des Gerätes, was man überall erreichen kann, wenn auch manchmal nur mit Hartnäckigkeit. Dem Hinweis auf Unschädlichkeit der Prozedur für Röntgenbelichtung des Films glaube man besser nicht, denn zu Hause entdeckter Schaden ist nicht mehr behebbar.

Da die Filme in USA ohne Entwicklungsbeutel verkauft werden, anders als in Europa üblich, muß man dieselben gesondert kaufen. Oft wird man Schwierigkeiten haben, sie als »Original Kodak mailers« in Supermarkets zu bekommen, weil diese Ladenketten meist ihren eigenen Labor-Service haben, auf den ein Durchreisender natürlich nicht warten kann. Das ist jedoch nicht weiter tragisch, weil die Mehrzahl der Amateure ihre Filme ohnehin erst nach Rückkehr im Heimatland entwickeln lassen. Hier gibt es dann beim Fotohändler die Entwicklungsbeutel für im Ausland gekaufte Kodak-Filme jederzeit nachzukaufen.

Unentwickelte Filme bewahre man vor und nach der Belichtung kühl auf, lasse die belichteten baldmöglichst entwickeln und bei heranstehenden Flughafen-Kontrollen stets im Hauptgepäck. Im Handgepäck und am Körper ist die Belichtungsgefahr durch Röntgenkontrollen am größten, vor allem für hochempfindliche Filme (ISO 400 und mehr).

Versicherungen

Zweckmäßig kann es auch sein, mit seiner Krankenversicherung eine schriftliche Absprache zur Kostenübernahme für die Reisedauer im Ausland zu treffen, denn die Hospitalkosten und Arzthonorare in USA sind ungleich höher, wozu noch als Multiplikator der Dollarkurs kommt. Noch besser ist der Abschluß einer 100% deckenden Zusatzversicherung, z. B. durch den ADAC.

Medikamente

Wer regelmäßig Medikamente einzunehmen hat, versorge sich damit reichlich, damit er auch mal welche verlieren kann, ohne in Verlegenheit zu geraten. Pharmazeutische Produkte sind zwar in allen »drugstores« zu haben, tragen aber meist andere Bezeichnungen und sind, falls es sich um intensiver wirkende oder Spezialitäten handelt, rezeptpflichtig. Gängige Mittel, wie Kopfschmerz-, Magen-Darm-, Rheuma- oder Beruhigungs-Tabletten hingegen findet man sogar in den Regalen der Kaufhäuser.

Kleidung

Der Amerikaner unterwirft sich nicht so leicht Modezwängen. Insbesondere im Sommer und auf Urlaub trägt jeder, was ihm gefällt. So wird man selbst in für vornehm geltenden Hotels in Jeans, Shorts oder hemdsärmelig nicht auffallen, auch nicht in buntesten Hawaii-Mustern. Der sich bis zu gewagtem Geschmack ausdrückende Anspruch auf Individualität ist nur praktikabel bei weitestgehender Toleranz als selbstverständlichem Bestandteil allgemeinen Verhaltens, die sich u. a. darin äußert, daß sich niemals jemand wegen Ihres Erscheinungsbildes nach Ihnen umdrehen oder auch nur in kritisches Augenmaß nehmen würde. Dies führt, zusammen mit anderen erfreulichen Landessitten, beim ausländischen Neuling zu einem großartigen Gefühl des Sich-Frei-Fühlens.

Beim Besuch von festlichen Veranstaltungen, zu Cocktail-Parties, im Theater oder bei geschlossenen Gesellschaften und Kongressen ist natürlich auch drüben die in Europa als angemessen geltende Abendkleidung üblich. Sie ist zudem auch viel angenehmer zu tragen als allzu leichte Kleidung, weil die Klimaanlagen der Hotels meist recht kühl eingestellt sind, was insbesondere für offenherzige Damen ungemütlich werden kann. In den Zimmern ist die Temperatur meist über Thermostat regelbar.

Auch auf Langstreckenflügen mit Jets kann es, vor allem während der Nachtstunden, zeitweise ziemlich kühl werden. Die Stewardessen halten deshalb stets wärmende Decken bereit, wobei es gilt, sich rechtzeitig zu rühren, ehe sie vergriffen sind.

Reiseliteratur

Bezüglich des Landes selbst, seiner geographischen Charakteristiken und politischen Topographie, seiner Sehenswürdigkeiten und Veranstaltungen, seiner Sitten und Gebräuche informiere man sich eingehend durch einschlägige Bücher und Reiseführer. Über die zuführenden Flugrouten und Reisemöglichkeiten wird Sie jedes gute Reisebüro gerne beraten.

Eine erschöpfende Übersicht und Antwort auf die wichtigsten auftretenden Fragen geben auch die kostenlosen Broschüren des Amerikanischen Fremdenverkehrsbüros Frankfurt/M., Börsenstraße 1, »USA Reiseinformationen«, »Ferienplaner Amerika«, »Autoführer durch die USA« und »Motoring Envelope«.

Der folgende Hauptteil dieses Buches soll Sie bekanntmachen mit den sehenswertesten Gebieten, soll Sie führen zu den erregenden Naturwundern dieses Kontinents unbegrenzter Erwartungsmöglichkeiten, zu dessen vielgestaltigen geologischen Phänomenen, geographischen Einmaligkeiten, in die tierreichen Naturreservate und unberührten Schutzgebiete, durch die großartigen weiträumigen Landschaften, über die Traumstraßen der Neuen Welt.

Preise und Geldwert

Seit der letzten Auflage dieses Bildbandführers sind infolge der Dollarabwertung die allgemeinen Reisekosten für ausländische Touristen bedeutend geringer geworden, jedoch haben sich die Dollarpreise im Lande um 50 – 80 % erhöht. Dies gilt im besonderen für die staatlich festgelegten Eintritts- und Übernachtungspreise in den Nationalparks.

»Son, this is God's own country.
Don't rush through like the devil!«

(Straßenschild in Florida)

Am Eingang zu jedem
National-Park
steht, aus Holz geschnitzt,
das Emblem
des National Park Service

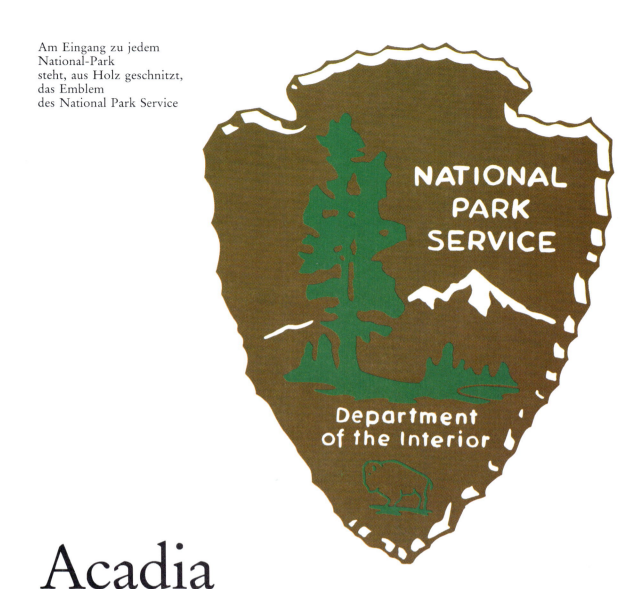

Acadia

Eines der reizvollsten Naturreservate im Osten der USA ist der an der Südostküste des Staates Maine gelegene Acadia National Park. Er gliedert sich in drei voneinander getrennt liegende Teile. Das größte seiner maritimen Areale, auf dem Mount Desert Island, mit den höchsten Erhebungen der nördlichen Atlantikküste, ist zugleich das wegen seiner Vielgestaltigkeit und guten Erschlossenheit meistbesuchte, gefolgt von dem Halbinselchen Schoodic Peninsula und der Isle au Haut. Hinzu kommen die besuchenswerten Eilande Bar Island, Sheep Porcupine und Baker Island, die alle mit kleinen Passagierbooten regelmäßig erreichbar sind. Auf die gleiche Weise kann man zum Little Cranberry Island gelangen, das wegen seines Islesford Historical Museums bedeutsam ist.

Herbes Klima prägt Flora und Fauna des Parks, nicht nur im Winter, der besonders unwirtlich ist, sondern auch in den Übergangszeiten, so daß nur die Hochsommermonate für einen seeklimatischen Besuch empfehlenswert sind.

Arches

Der Arches National Park liegt im Osten des Staates Utah, knapp 8 Kilometer nördlich der von Mormonen gegründeten Stadt Moab. Von der US 163, die das wegen seiner Farbkontraste berühmte Rotsandstein-Land von Nordwesten nach Südosten durchkreuzt, führt 3 km nördlich der Coloradobrücke mit anliegendem Picknickplatz eine kurze Zufahrt zum Besucher-Zentrum am Parkeingang.

Der rote Fels bildete sich aus abgelagertem Sand vor etwa 150 Millionen Jahren in der Jura-Zeit mit einer Stärke von zunächst 100 Metern. Der »Entrada Sandstone«, wie er genannt wird, wurde wahrscheinlich von Winden weitreichender Wüstenregionen oder Küsten aus der Ferne verfrachtet. Durch spätere Überlagerungen mit anderen Schichten verfestigte er sich unter Druck zu Fels, der schließlich nach mehrfachen Hebungen, Brechungen und Verwerfungen von der Erosion wieder freigelegt wurde. Die fortlaufende Verwitterung bildete Risse und Einbrüche, Canyons wurden durch Unterspülung herausmodelliert, die Sprengkraft des Eises und die schmirgelnden Sandstürme bildeten skurrile Felsformen, ständig sich vergrößernde Löcher und Fenster in den Wänden erweiterten sich dabei zu steinernen Bögen. Bis heute wurden etwa 90 solcher Felstore und Brücken entdeckt, doch dürften in den vielen abseitigen und noch unerforschten Arealen eine weitere große Anzahl liegen.

Neben aufsteigenden Felswänden, balancierenden Blöcken und geschwungenen Buchten stehen überall merkwürdige Formationen, die menschlichen Figuren, Gesichtern, Fantasiegestalten oder sonderbaren Tieren ähneln.

Da der Park in seinen Hauptanteilen auf Höhen zwischen 1500 und 1700 Metern liegt (Visitor Center 1245 m), ist das späte Frühjahr die ideale Besuchszeit. Im Hochsommer können leicht Temperaturen über 40 °C auftreten, die allerdings wegen niedriger Luftfeuchte erträglich sind. Im Winter sind reichliche Schneefälle nicht selten und bilden dann mit dem tiefroten Fels und azurblauen Himmel einen prächtigen Farbenkontrast.

Die Vegetation ist nur spärlich und typisch für die Wüstenregionen des nordwestlich davon liegenden »Great Basin«. Niedrige Wacholderbüsche und Zwergkiefernarten sind mit wenigen Gras- und Kaktusfamilien untermischt. Kojoten, Füchse und Wild sind in dieser kargen Landschaft nicht oft zu sehen, zumal sie vornehmlich bei Nacht aktiv sind. Jedoch beleben Kaninchen, Känguruh-Ratten, Erdhörnchen und andere Nager, sowie zahlreiche Vogelarten die Landschaft tagsüber um so mehr. Zwischen Mai und August, außer in extrem trockenen Jahren, werden die wenigen feuchteren Areale, vor allem das Salt Valley, von farbigen Wildblumen-Teppichen überzogen.

Einer der schönsten: Der »Double Arch« – Sandsteinbogen ▶

Die »Courthouse Towers«

◀ Blick durch den »Double Arch« auf die
vielgestaltigen Rotsandstein-Formationen

»Balanced Rock« vor den »Manti La Sal Mountains«

Der »Landscape Arch« ist mit 90 Metern
Spannweite der längste Natursteinbogen
der Erde. An seiner schmalsten Stelle
mißt er nur 1,80 m Stärke, die infolge
Erosion laufend abnimmt ▶

Mond im »Skyline Arch«

Die »Park Avenue« ▶

Badlands

Vor 35 – 25 Millionen Jahren, während des Oligozäns, bestand hier eine weite sumpfige Ebene, aus der sich der spätere White River bildete. Zu jener Zeit der sich vermehrenden und entwickelnden vielen Säugetier-Arten lebten in dieser Gegend die Vorfahren mancher heute bekannter Spezies, wie u. a. ein Kamel, ein dreizehiges Pferd, beide nicht größer als ein mittelgroßer Hund, und eine »säbelzahnige« Katze. Auch ein Rhinozeros-artiger Riesensäuger, der Titanothere und ein Fleischfresser, das Hyaenodon, wenig größer als die Schwarzbären unserer Zeit, waren hier verbreitet. Ihre Skelette wurden vom Flußsediment und Pflanzenschichten eingebettet und dadurch infolge Luftabschlusses bis heute gut konserviert. Durch spätere alternierende Auflagerung von vulkanischem Schutt und erneutem Triebsand entstanden zusätzliche Schichtungen, die durch die langsamen Auswaschungen der folgenden Jahrmillionen, in denen ein trockeneres Klima vorherrschte, wieder freierodiert wurden, so daß sich heute eine Prärie-Landschaft dem Auge darbietet, die gekennzeichnet ist von tiefgeschnittenen Schluchten, schroffen Sedimenthalden und spitzen Kegelkonturen. Durch unterschiedliche Zusammensetzung, Festigkeitsgrad und Löslichkeit des Materials sowie abwechselnde Färbungen entstanden mehrere Abstufungen der Wachstumsbereiche und changierende Zonen der Erosionsformationen. Ihr geologischer Informationsgehalt ist nicht weniger eindrücklich als ihre ungewöhnliche Szenerie, die einer auf wenige hundert Meter Höhe komprimierten, gezackten Hochgebirgskontur ähnelt.

Holzkohlenreste, gebrochene Herdsteine und Bisonknochen machen wahrscheinlich, daß bereits um 900 n. Chr. Jäger dort gelebt haben, nach dem Jahre 1000 wohl vorwiegend nomadische Indianerstämme. Später zogen Comanchen, Cheyenne- und Sioux-Indianer durch die Gegend, jagten Buffalos und unterhielten Handelsplätze, bis weiße frankokanadische Trapper auf der Suche nach Bibern und anderen Pelztieren die unwirtliche und schwer überwindliche Barriere »bad land to travel across« nannten, woraus »Badlands« wurde.

Zahllose tiefzerklüftete Erosions-Schluchten kennzeichnen die Parklandschaft, für die frühen, nach Westen ziehenden Siedler unüberwindliche Hindernisse. Die Namensgebung »Badlands« leitet sich daraus sinngemäß ab und blieb ▶

Big Bend

Die gesamte südwestliche Grenze von Texas gegenüber Mexiko wird von dem Unterlauf des 3035 km langen, in den San Juan-Bergen Colorados entspringenden Stroms Rio Grande gebildet. Eine 172 km lange, südlich um ein bis 2400 m emporragendes Bergmassiv ausweichende Schleife des Grenzflusses, umfaßt einen der interessantesten National-Parks der USA, der aber eigentlich viel charakteristischer für die Landschaft Mexikos ist.

Vor 70 Millionen Jahren war diese Gegend ein feucht-heißes Sumpfland mit üppiger Vegetation; heute wird es mit seinem tonartigen Sandstein von den Geologen Aguja-Formation genannt, aus der Dinosaurier-Knochen geborgen werden.

Am Lost Mine Trail

Vor dem Hintergrund der majestätischen Sierra del Carmen hat sich der Rio Grande in Äonen von Jahren unter Ausbildung der drei großen Canyons Santa Elena, Mariscal und Bouquillas bis zu 460 m tief durch die felsigen Formationen geschnitten. Aus altem Sediment ragen die vulkanischen Intrusionen, von den Erosionskräften wieder freigelegt, wie trotzige Burgruinen aus dem wüstenartigen Gelände empor.

Abend in den »Chisos Mountains«

Der Santa Elena Canyon des Rio Grande

Grape Wine Hills Trail

Alter Vulkanschlot »Castolon Peak«

Biscayne

Dem äußersten Südosten der Halbinsel Florida vorgelagert, und den nördlichen Teil der Inselkette Florida Keys bildend, liegen die Korallenriffe des Biscayne National Parks, eine Unterwasser-Landschaft, deren Einzigartigkeit in den Vereinigten Staaten das Herz jeden Naturfreunds und Tauchsportlers höher schlagen läßt.

Die südliche Lage und der wärmespendende Golfstrom lassen eine subtropische Fauna und Flora vielfältigster Art gedeihen, wie man sie in Kontinentrand-Nähe sonst kaum vorfindet.

Vor etwa einhunderttausend Jahren begannen die »Florida Keys« sich aus Abermillionen von Korallentierchen aufzubauen, jedes nicht größer als ein Stecknadelkopf. Zusammen bildeten sie schließlich ein 240 km langes Unterwasser-Korallenriff, welches heute stellenweise über den Meeresspiegel herausragt.

In seinen obersten Lagen reicht die geologische Entwicklung dieses Gebietes nur bis in die letzten Zwischeneiszeiten zurück, als sich der Süden Floridas, während des späten Pleistozäns aus Oolith-Kalksediment gebildet, mehrfach hob und wieder senkte, so daß die Korallenbänke wiederholt in ihrem Aufbau gestört wurden, bis sie schließlich bei der letzten Anhebung der Halbinsel endgültig etwa meterhoch über den Wasserspiegel zu liegen kamen und abstarben, überall sichtbar an deren heutiger Küste.

Tiefer liegende Korallenstöcke konnten diese Prozesse überleben und wieder bis in die für ihre Lebensbedingungen optimale Flachwasserzone emporwachsen. Sie stellen die jetzige, höchst lebendige Unterwasserlandschaft dar. Hier findet man noch einen unermeßlichen Reichtum von ursprünglichen Meeresbiotopen des Flachküstenbereichs, wie auch ausgedehnte Seevögel-Kolonien.

Ein wahres submarines Paradies eröffnet sich zwischen den zahllosen Korallenriffen, Klippen und Inselchen, denn das vielgestaltige Meeresleben bewirkt eine außerordentliche Reinheit, Transparenz und Unterwassersicht.

Tropische Fische in brillanten Farben, seltsame Korallen und Schwammarten, exotisches Riffzonen-Seegetier bevölkert in solcher Zahl und Artenvielfalt dieses in der nördlichen Hemisphäre einmalige Naturschutzgebiet, daß es für jeden Taucher zu einem ebenso faszinierenden wie unerschöpflichen Erlebnis werden muß, die Wunder dieser unverdorben gebliebenen Unterwasserwelt zu durchstreifen und erkunden.

Das Klima ist ganzjährig von karibischer Art, mit angenehmer Wärme, viel Sonnenschein und oft reichlichem Regen, so daß auch die Küstenlandschaft von üppiger Vegetation gekennzeichnet ist: Subtropische Bäume, Farne und Kletterpflanzen, reiche Blumenflore und saftige Buschareale grenzen an die randständigen Übergangsbereiche mit vielverschlungenen Mangrovenhainen.

Da das Oberflächengestein nur wenig Quarz enthielt oder durch Meeresdrift zugespült bekam, finden sich kaum Sandbänke in diesem Bereich, die zum Verweilen am Strande einladen. Die Küstenlandschaft vermittelt eine grenzenlose Entrücktheit, Ausdruck ihrer unberührten Einsamkeit. Biscayne gleicht keinem anderen Naturschutzgebiet Amerikas. Hier kann man die Erfahrung machen, sich selbst zu begegnen.

Bryce Canyon

Ein Achtel aller amerikanischen National-Parks und mehrere National Monuments liegen im Staate Utah. Viele davon gehören zu den ungewöhnlichsten und durch ihre Farben und Formen faszinierendsten Naturdenkmälern der Erde, die vorwiegend im Süden dieses Hochwüsten-Landes gelegen sind.

Seine geologische Entstehungsgeschichte reicht bis über das Tertiär hinaus zurück. Vor über 225 Millionen Jahren noch Meeresgrund, hob sich das Terrain allmählich zunächst auf Meeresspiegelhöhe und bildete eine tropische Sumpfregion, gefolgt von Wüstenklima und Bildung 600 m hoher Sanddünen. Weitere Hebungen führten zur Aufrichtung von Bergketten, von denen sich vor 60 Millionen Jahren Erosionssediment ablöste und die früheren Lagen des Seebeckens mit 700 m starken Kalk- und Sandschichten anfüllte. Vor 13 Mill. Jahren endete diese Deponierung und gigantische Kräfte des Erdinneren hoben erneut unter Brechungen und Verwerfungen dieses Gebiet, in Fragmente zerklüftet, auf Gebirgshöhen, von denen eines das Paunsaugunt Plateau ist, dessen heute noch über 3000 m hoher Rücken seit Jahrmillionen von den ewig wirkenden Kräften der Verwitterung nach Osten hin abgetragen wird. Die »Pink Cliffs« des Bryce Canyon, früher wohl über 700 m aufragend, stehen heute noch 250 – 400 Meter hoch über dem 1 Milliarde Jahre alten Urgrund der Landschaft.

Die Rötung des Gesteins, besonders eindrucksvoll bei tiefstehender Sonne, ist bedingt durch Beimengungen von Eisenoxiden, die auch schwarze, braune, rosa oder gelbe Färbungen, je nach Konzentration und Verbindungen, hervorrufen können. Kupfergehalt ergibt grünes, Manganeisen purpurnes Aussehen der Felsschichten. Die weiß erscheinenden Lagen sind entweder kalkhaltiger oder lediglich stärker ausgewaschen, wobei sie oberflächlich von darüber abgelagerten roten Zonen übertüncht sein können.

Im ganzen ergibt sich durch diese geologisch-klimatischen Zusammenhänge ein Natur-Theater unglaublicher Vielgestaltigkeit an changierenden Farben, märchenhaften Formen und Klüftungen. Durch seine Übersichtlichkeit und Ausdehnung wirkt es derart überwältigend, daß es von vielen Kennern unmittelbar nach dem Grand Canyon des Colorado eingeordnet wird.

Die Erosionskräfte wirken jedoch weiter in großer Deutlichkeit fort. Jedes Jahrhundert rückt der Abbruchrand des Bryce Canyon um beinahe einen Meter zurück, weil bei stärkeren Gewittergüssen in den sich bildenden Sturzbächen mehr festes Material als Wasser zu Tale gerissen wird. So kann man ausrechnen, wie lange es dauern wird, bis der Regen auf dieser Wasserscheide zwischen Colorado und Great Basin, statt wie heute über den Paria-Fluß nach Osten und über den Colorado in den Golf von Kalifornien zu münden, schließlich nach Norden in den Pazifik fließt.

Die ersten Indianer haben vor 1200 Jahren n. Chr. im Paria-Tal gesiedelt. Spätere Stämme, vor allem der Paiute, nannten die merkwürdigen Formationen »menschenähnliche rote Felsen im schalenartigen Canyon«. Als die Mormonen um 1874 das Tal östlich des Paunsaugunt-Plateaus besiedelten, hütete einer von ihnen, namens Ebenezer Bryce, sein Vieh in der Gegend und hinterließ eine sprechende Beschreibung derselben: »Ein höllischer Platz, ein Rind darin zu verlieren.«

Bizarre Erosionen

Rote Schlucht
des Navajo Trail

◀ Am Sunset-Point

Im »Queen's
Garden-Trail«
▶

◀
»Sunrise Point«:
Erosion bedroht
die Bäume am
Rand des Canyons

Canyonlands

Von den vielen Naturschutzgebieten des Staates Utah ist der Canyonlands N. P. der ausgedehnteste, gewiß auch der landschaftlich großartigste und geologisch aufschlußreichste.

Vor etwa 300 Millionen Jahren entstand hier ein Plateau, aufgebaut aus 1600 m starken Schichten von Sand und Kalksedimenten früherer Ozeane, dem Schutt abgetragener Gebirge, und dem Schlamm vergangener Flüsse. Noch darunter jedoch liegt eine über 1000 m mächtige 29fache Schichtung aus den Salzen jener verdunsteten Binnenmeere, welche wesentlich zur jetzigen Landschaftsformung beitrug und weiter wirksam ist. Während sich das Salz an manchen Stellen in Verwerfungen empordrückte und teilweise ausgewaschen wurde, wodurch u. a. der »Krater« des 1600 m weiten und 460 m tiefen Upheaval Domes entstand, kollabierte andernorts die äußere Erdkruste über den ausgehöhlten Lagern und stürzte unter Bildung tiefer Schluchten in sich zusammen, die von nachfolgender Erosion weitergefurcht wurden. Dies ist besonders eindrucksvoll zu beobachten im Bereich der »grabens« zwischen Elephant Hill und dem Cataract Canyon des Needles-Bereiches, einem Wald phantastischer Felsnadeln und Steintürme, vor allem um den Chesler Park. Östlich davon, im Salt Creek und Horse Canyon, stehen grazile Wände in wechselnden Farben und surrealistischen Formen.

Das Gebiet »Islands in the Sky« im Norden des Parks bietet die vielfältigsten Möglichkeiten, Einblick in das 60 km weite Stromgebiet des Green River und Colorado River zu nehmen. Deren Canyonwände fallen in schroffen 300-m-Stufen aus dem rund 1800 m hohen Plateau ab, und lassen die Urheber dieses gigantischen Erosionswerkes nur als scheinbar schmale Flüßchen in der fernen Tiefe erkennen. Über 150 km windungsreicher und skurril geformter Canyons von bis zu 800 m Tiefe sind so im Laufe von Jahrmillionen entstanden, eine Urlandschaft von elementarer Eindrücklichkeit.

Der Green River, gesehen ▶ vom »Grand View Point«, hat sich in dem 300 m tiefer liegenden Erosionsplateau weitere 200 m eingefurcht

»Sixshooter«, an der Zufahrt zur »Needles«-Region

Seite 58:
Die »Needles«-Region am Chesler Park

Seite 59:
Im Gebiet von »Islands in the Sky«
bietet der Grand View Point eindrucksvolle
Niederblicke in die verschiedenen Erosions-Ebenen

Seite 60/61:
Eine Fahrt mit dem Leih-Jeep entlang dem
Shafer-Trail hinab zum Colorado-River
vermittelt starke Eindrücke

Indianer-Pictograph
»Newspaper Rock«

Stets zutraulich und hungrig: Squirrels
(Citellus lateralis) und Chipmunks (Eutamias minimus) ▼

Unzählige Varietäten von Kakteen in den Südwest-
▼ Staaten. Hier: Hedgehog Kaktus (Echinocereus)

An der
Dugout Ranch
im »Lavender
Canyon«

»The Neck«
des Colorado

Capitol Reef

Im mittleren Süden des Staates Utah liegt eine hochinteressante Erosionslandschaft, deren vielfarbige Felsformationen einen bis 250 Millionen Jahre weit zurückreichenden Einblick in die Erdzeitgeschichte ermöglichen.
Abwechselnde Bedeckung durch flache Seen im Perm und Trockenperioden im Trias, gefolgt von Erosionen und verwerfenden Hebungen der Erdkruste im Trias und der Jurazeit gingen während der Kreideperiode über in tropische Sümpfe, welche später wieder austrockneten. Vor 20 Millionen Jahren bildete sich unter Eindringen von vulkanischem Magma und gewaltiger Liftung eine 160 km lange verkantete Bruchspalte aus, die vor erst 25 000 Jahren mit eruptierten Basaltblöcken versetzt wurde.

The Castle, eine Sandsteinformation des Trias

▲
Im »Grand Wash Canyon«

◀ Gleißender Rotfels überall

So bietet sich dem Besucher heute ein wahrhaft buntes Landschaftsbild dar, sowohl in die fernen Tiefen der wechselvollen Geschichte unserer Erde in Form bizarrer vielfarbiger Felsmassive aus den verschiedenen freierodierten Formationen, die sich 350 Meter steil aus dem Tal auftürmen, wie auch bezüglich der unterschiedlichen Vegetationscharakteristika. Im Osten findet man die typische Wüstenregion des nordamerikanischen Südwestens mit magerem Beifußbewuchs und vereinzelten Wacholder- und niederen Kiefernarten, im Tal des den Park westöstlich durchschneidenden Fremont-Flußes hingegen üppiges Grün von Pappelarten, saftige Wiesen und Obstplantagen.

Schon vor 800 n. Chr. dürften hier Menschen gelebt haben, bis 1200 n. Chr. die Fremont-Indianer, deren nachgelassene Gebrauchsgegenstände, Reste primitiver Vorratshaltung und Felszeichnungen nahelegen, daß sie gegen Ende dieser Zeit, wahrscheinlich wegen jahrelanger Dürre, die Gegend verließen. Um 1600 n. Chr. folgten ihnen die Paiute-Indianer, die sommersüber den wasserreichen Fluß, im Winter das milde Klima des fruchtbaren Talbodens genutzt haben.

Infolge seiner weitab früherer Pionierstraßen versteckten Lage kamen erst 1866 die ersten Mormonen-Siedler, deren Hütten und Schule noch heute im Bereich von Fruita teilrenoviert zu besichtigen sind.

Einzigartig unter allen National-Parks ist die heutige stete Weiterführung der vor über hundert Jahren angelegten Weidegründe und Obstbaumkulturen, deren reiche Erträge zur Reifezeit den Besuchern verfügbar gemacht werden.

Der Chimney Rock erhebt sich steil aus der 230 Mill. Jahre alten Chinle Formation ▶

64

▲ Am Fremont River; im Hintergrund der
dem Park namensgebende »Capitol Dome«

Seite 66/67: Im »Cathedral Valley«

Im »Cohab Canyon« ▶ ▶▶

Carlsbad Caverns

Am Südosthang des Guadalupe-Bergmassivs im südlichen New Mexico liegt das Höhlensystem von Carlsbad, das man wegen seiner Ausdehnung, Tiefe, und vor allem wegen des ungewöhnlichen Formen- und Farbenreichtums ohne Übertreibung als einzigartig in der Welt bezeichnen kann.

Von den mehr als 50 bis heute erschlossenen Höhlen des fast 19 000 Hektar großen National-Parks, die bis zu einer Tiefe von 300 Metern begehbar sind, gibt es solche mit einem Überreichtum an hinreißend schönen Formen, andere mit der Flächengröße von ca. 14 Fußballfeldern oder einer Höhe, die das Capitol von Washington aufnehmen könnte, unterirdische Seen, natürliche Felsbrücken, alabastergleiche Kalksinter-Skulpturen und vor allem eine geradezu unbeschreibbare Fülle von phantastischen Stalagmiten und Stalaktiten in allen nur vorstellbaren Figürlichkeiten, Anordnungen und Farben, wahrlich eine Tropfstein-Märchenwelt.

Die Frage nach der Entstehung dieses Naturwunders drängt sich unwillkürlich auf und soll deshalb hier durch kurze Rückschau in die Geologie aus heutiger Kenntnis beantwortet werden.

Vor etwa 250 Millionen Jahren, dem Perm-Zeitalter unserer Erde, reichte ein Meeresarm weit in diese Region des flachen Festlandes. Kalkbildende Algen und Kleinlebewesen setzten im Laufe von Jahrmillionen in dem seichten warmen Wasser eine Sedimentschicht ab von über hundert Metern Stärke und über 6 Kilometern Ausdehnung, die eine riffartige Abgrenzung seewärts ausbildete. Schließlich trocknete das so entstandene Binnenmeer aus und sein Bassin wurde durch den Erosionsschutt benachbarter Hänge aufgefüllt, der die abgesetzten Salz- und Gipslagen überdeckte.

Nach Hebungsprozessen innerhalb der Erdkruste, die den Guadalupe-Rücken formte, drang Regenwasser durch Risse der oberen Materialschichten in die Tiefe und löste allmählich das darunterliegende Kalksediment auf, spülte es weiter, und bildete so ein Hohlraumsystem, in dem sich das leicht lösliche Salz und der weichere Gips von dem festeren Kalkgestein trennte. Vor allem durch den Gips entstanden in Jahrmillionen die unzähligen Tropfstein-Formationen der langsam austrocknenden Höhlenregion. Noch heute löst das Wasser fortlaufend geringste Mengen von Kalk, so daß die wundersamen Figuren und Säulen weiterwachsen.

Temple of the Sun und Fairyland ▶

▲ Eingang zum Big Room

▼ Hall of Giants

Verwerfung

In 260 m Tiefe:
King's Palace

Channel Islands

Dem südlichen Kalifornien vorgelagert und bis über 100 Kilometer in den Pazifischen Ozean hinausreichend, erheben sich die durch den Santa Barbara Channel weit vom Festland getrennten Channel Islands steil aus dem Meeresgrund. Von den acht Inseln, die etwa parallel zum Festland fast 250 km weit verstreut liegen, sind drei in Verwaltung der US Navy und dem Publikum unzugänglich: San Clemente, San Nicolas und San Miguel. Weitere drei sind in Privatbesitz und vorwiegend landwirtschaftlich genützt, meist als Weideland. Vor deren Betreten ist die Erlaubnis der jeweiligen Besitzer erforderlich.

Die interessantesten, weil außer früherer Nutzung durch Indianerstämme praktisch ursprünglich belassenen Inseln, sind 1980 zum National-Park erklärt worden, einem in Lage und Charakter einzigartigen Naturschutzgebiet.

Es umfaßt das südlich liegende Santa Barbara Island, etwa 259 Hektar groß, mit seinem Signal Peak 194 m aufsteigend, und das davon nördliche Anacapa Island, welches sich aufgliedert in die drei voneinander getrennten Inseln East Anacapa, Middle Anacapa und West Anacapa Island, wobei letztere die weitaus größte und mit 457 Metern höchste Erhebung darstellt. Das Eiland San Miguel, ganz im Nordwesten, wird gemeinsam vom National-Park Service und dem US Navy Department verwaltet und soll zugänglich gemacht werden.

Die Inseln dürften noch vor etwa 500 000 Jahren mit dem Festland verbunden gewesen sein, denn sie bestehen aus gleichem vorwiegend vulkanischen Gesteinsmaterial, wurden jedoch durch die sehr heftigen Liftungs- und Verwerfungsprozesse dieser aktiven Erdzone so weit von der Küste getrennt, daß sie heute 18 km (Anacapa) bis 61 km (Santa Barbara) vom Kontinent entfernt liegen, umstanden von einer Vielzahl skurril aufragender Klippen und Felstürme.

Durch die isolierte Lage und das trotz südlicher Breite relativ rauhe und wechselvolle ozeanische Klima hat sich eine eigenständige Flora und Fauna gebildet und erhalten, deren Schutzwürdigkeit schon im vorigen Jahrhundert erkannt worden war, weshalb es schließlich 1938 zum National Monument erklärt worden war.

»Arch Rock«, Anacapa Island

Robben (Harborseals – Phoca vitulina) tummeln sich überall

Crater Lake

Im Südwesten des Staates Oregon liegt dessen einziges, dafür aber einzigartiges Naturschutzgebiet, der Crater Lake National Park, ein annähernd kreisrunder, tiefblauer See, der die Einbruchscaldera eines früheren Vulkans, des Mt. Mazama, ausfüllt.

Dieser Berg der südlichen Cascade Range war einst eine etwa 3600 m hohe Kratergruppe, die etwa 4860 v. Chr., also vor rund 6845 Jahren in einer Reihe von Explosionen und Bimsstein-Eruptionen zerborsten ist. Das Auswurfsmaterial wurde über Hunderte von Kilometern von den vorherrschenden Winden nach Norden bis weit in das heutige Kanada und in das östliche Binnenland verfrachtet, eine Fläche von ca. 900 000 km² bedeckend. Schon hierbei ging vermutlich ein erheblicher Teil des Bergkegels verloren. Die eruptierte Gesteinsmenge wurde auf kaum vorstellbare 61 Kubikkilometer berechnet, wovon das meiste aus der unter dem Massiv gelegenen Magmakammer kam; aus dieser quollen auch viele Kubikkilometer Lava empor, die sich teils in riesigen Strömen rotglühenden Felses über die umliegende Landschaft ergossen, zum anderen jedoch in Glutwolken bildenden Tephrakaskaden mit über 200 Stundenkilometern vom Kraterrand die Berghänge hinunterstürzten. Die Reste der dabei verkohlten Baumstämme ermöglichten mit Hilfe der Radiocarbon-Methode die Bestimmung des Ereignis-Zeitpunktes ziemlich genau.

Durch den beträchtlichen Substanzverlust des Magmareservoirs brach schließlich der Rest des Vulkans unter weiteren Ausbrüchen in sich zusammen, wodurch die jetzige Caldera von fast 10 km Durchmesser mit ihrem 589 m tiefen Kratersee, dem tiefsten See in USA überhaupt, sowie das exzentrisch darin gelegene Kraterkonus-Inselchen von 233 m Höhe, Wizard Island, entstand. Die Caldera-Ränder erheben sich rundum in bizarr gezackten Formen bis zu 603 m des westlich gelegenen Hillman Peak über den See, dessen 1882 m ü. NN liegender Wasserspiegel durch ein Gleichgewicht zwischen Zufuhr an Regen und Schnee sowie Verdunstung stets auf gleicher Höhe bleibt.

Seine Entdeckung erfolgte fast zufällig am 12. Juni 1853, als der Prospektor John Wesley Hillman auf der Suche nach der legendären »Lost Cabin Gold Mine« einen höheren Ausblickspunkt in die Landschaft suchte und plötzlich einen in dieser Höhe völlig unerwarteten riesigen See erblickte, dessen reines Tiefblau ihn faszinierte, wie jeden Besucher nach ihm. Es erklärt sich allein aus dem ungewöhnlichen Reinheitsgrad seines Wassers, das nicht von Zu- oder Abflüssen verwirbelt wird, so daß jegliches Sediment bald in seine steilwandigen Abgründe versinkt.

Sonnenaufgang über dem Kraterrand

Vom Südrand bietet sich ein weiter Überblick. Links im Mittelpunkt das »Phantom Ship«, am Horizont der spitze Gipfel des Mt. Thielsen-Vulkans, ganz rechts die 2460 m hohe »Cloud Cap« ▶▶

Schwarzer Rotfuchs (vulpes fulva)

Südrand mit »Phantom Ship« ▶

Everglades

An der Südspitze des Staates Florida liegt der Everglades National Park, dessen weite Riedgrasebenen mit eingestreuten Dschungelinseln, sumpfige Flachwassertümpel, weit ausgedehnte und undurchdringliche Mangrovenwälder von dem breitesten und seichtesten Fluß Nordamerikas durchströmt werden.

Dieses 80 km weite Naturschutzgebiet gibt Einblick in ein System von Pflanzen- und Tiergemeinschaften subtropischer Arten, die nirgends sonst auf der nördlichen Halbkugel zu finden sind.

Die heutige Gestalt der halbinselartigen Landzunge, die sich zwischen den östlich steil abfallenden Atlantik und den Golf von Mexiko schiebt, hat eine wechselvolle Vorgeschichte.

Einst von vulkanischen Kräften auf nur wenige Meter über Meereshöhe emporgehoben, wurde seine weitere Entwicklung lediglich von den Eiszeiten und Interglazialperioden der letzten 500 000 Jahre beeinflußt.

Die Everglades sind ein Paradies für Wasservögel aller Arten

Freizeit im Flamingo-Camping

Durch wiederholtes Ansteigen und Abfallen des Meeresspiegels kamen weite Gebiete abwechselnd über und unter Wasser zu liegen, wobei sich trotz zwischenzeitlicher Erosionstätigkeit bis zu 3000 m starke Kalksedimentschichten im Bereich Südfloridas ablagerten. Andererseits bildeten sich unter dem subtropischen Klima riesige Korallenbänke, die nach Absinken des Wasserstandes während der folgenden Eiszeit wieder abstarben.

Heute liegen die in der letzten Zwischeneiszeit abgesetzten Kalkschichten nahe der Oberfläche ganz Südfloridas. Die »Key-Largo«-Formation bildet jetzt die oberen Florida-Key-Inseln von Key Largo bis südlich Marathon, der sogenannte »Miami Oolit« sowohl den östlichen Küstenrand Floridas, wie, nach vorübergehender Absenkung im Bereich der Everglades, auch die südlichsten Inseln der Keys, von Big Pine Key bis jenseits Key West.

Da sowohl der Ostrand der Halbinsel wie auch die westliche Küstenregion leicht erhöht liegen, ergibt sich für die Everglades-Region ein Geländequerschnitt vergleichbar einer flachen, nach Süden geneigten Schale.

Für den Besucher ist die Kenntnis dieser Zusammenhänge deshalb von Bedeutung, weil er fast überall am Festlande und der dasselbe südlich fortsetzenden Inselkette der Florida Keys auf beachtliche Lager von abgestorbenen Korallenbänken stößt, deren Aufbau und Detailstruktur nur an wenigen Stellen der Erde so mühelos zu studieren sind wie hier, vor allem an der leicht angehobenen Ostküste.

Diese schon angedeutete Topographie des südlichen Florida, nämlich seine fast unmerkliche Geländeneigung gegen Südwesten, in Verbindung mit einer relativ hohen Niederschlagsmenge, bilden die Hauptfaktoren der für die Everglades typischen Entwicklung von Flora und Fauna.

Der jährliche Vegetationszyklus ist weitgehend geprägt von den im nördlichen Teil ergiebigen Regenfällen des Sommerhalbjahres, die infolge wasserundurchlässiger Bodenunterschichten und einem Gefälle von nur wenigen Zentimetern pro Kilometer in Form eines 60 – 80 km breiten Stromes vom Lake Okeechobee bis zur 200 km südlich liegenden Küstenlinie abfließen. Hierdurch entstanden die unendlich scheinenden Weiten von mannshohem sägegezahntem Riedgras (sawgrass; Familie Cladium), in der Regenzeit teilüberflutet und daher von den Seminole-Indianern »Pahay-O-Kee« (grasiges Wasser), auch »river of grass« genannt. Im Winter trocknen diese Gebiete aus und bilden eine sumpfige Marschlandschaft, die oft von weitgreifenden Steppenbränden heimgesucht wird.

Es ist verständlich, daß bei einem so flachen Gelände schon wenige Zentimeter Höhenunterschied in der Landschaftskontur zu abweichender Wasserführung veranlassen und die Vegetationsart beeinflussen. Die typischste dieser Folgeerscheinungen sind die sog. »hammocks«, nur wenig über dem Umgebungsniveau erhöhte Inseln von wenigen bis hundert Metern Durchmesser, die von einer Vielzahl subtropischer Pflanzen und Bäume bewachsen sind, vor allem solcher aus den südlich dem Kontinent vorgelagerten Bahamas und Antillen. Diese Hammocks sind zugleich eine immerwährende Zufluchtsstätte aller dort heimischen Tierarten.

Obwohl der Höhenunterschied über Hunderte von Kilometern nur wenige Meter beträgt, ist der den südlichsten Teil Floridas bedeckende Everglades Park eine Region durchaus unterschiedlichster Eigenarten. Während in seinen nördlichen Bereichen eine ausgedehnte, in der Trockenzeit prärieartig wirkende Riedgrasebene vorherrscht, die mit Kiefernwäldern gesäumt und von lockeren Zypressenbeständen und Lorbeerbäumen durchsetzt ist, überwiegen nach Süden zunehmend Mangrovenarten, die sowohl im zulaufenden Süßwasser wie im vom Meer her entgegendrängenden Salzwasser gedeihen können. Nahe der Küstenlinie bilden sie schließlich den alleinigen Bewuchs, zumal sich das Land schließlich, durchsetzt von zahllosen Tümpeln, Seen und Wasserläufen, über Tausende von Halbinseln und Inselchen ins offene Flachmeer der Florida Bay verliert. In dieser irrgartenartigen Übergangszone findet sich der bestentwickelte Mangrovenbestand der Erde, gleichzeitig ein Fisch- und Wasservögel-Paradies ohnegleichen.

Üppige Haine verschiedener Mangroven säumen Küste und Inseln ▶

Der Sandhill Crane
(Grus canadensis)
kommt ganzjährig
nur hier vor ▶

Weite Teile der
Everglades sind
Reservat der
Seminole-Indianer

Fischreichtum für jeden

Alligator, einziges Wasserreptil der USA (Krokodil-Art)

Glacier

Im Nordwesten des Staates Montana, dicht an der kanadischen Grenze, liegt innerhalb der Rocky-Mountains-Gebirgskette ein Naturreservat für Liebhaber alpiner Landschaftsschönheit von solch unvergleichlich vielgestalten Reizen, daß demgegenüber alle südlicheren Anteile des den Hohen Westen der USA durchziehenden Massivs dagegen verblassen: Der Glacier National Park, benannt nach seinen 50 Gletschern.

Ein kurzer Blick zurück in seine geologische Vergangenheit ist nicht nur für das Verständnis der Entstehung dieses Gebietes förderlich, sondern für nahezu den gesamten Bereich der westlichen Felsengebirge. Entlang deren Höhen erstreckt sich die Große Wasserscheide (Continental Divide) durch den nordamerikanischen Kontinent und teilt ihn in drei große Stromgebiete auf, die zum Pazifik, zum Golf von Kalifornien und in den Golf von Mexiko führen.

Vor etwa 1 Milliarde Jahren befand sich hier ein Binnenmeer von 800 km Breite und einer Längenausdehnung von Nordkanada bis an den Golf von Kalifornien. In dieser Zeit wurden ungeheure Massen von Kalksediment, Sand und Schlamm abgelagert, die unter dem Druck des steigenden Materialgewichtes zu Gestein komprimiert wurden. Die älteste und tiefste Schicht im Glacier Park ist daher ein Dolomitstein, Altyn-Formation genannt, welcher fester als alle darüberliegenden ist.

Vor ca. 70 Millionen Jahren begann dann in der Erdkruste ein gigantischer Hebungs- und Verwerfungsprozeß, in dessen Verlauf eine Scholle von 1000 m Stärke sich von Westen über 60 km östlich verschob und jüngeres Gestein mit über 1 Milliarde alten Lagen überdeckte, ähnlich wie die Gebirgsbildung an vielen anderen Stellen der Erde vor sich ging.

Die heutige Landschaftsform hingegen ist weitgehend durch Gletscheraktivität verändert, die während der letzten 3 Millionen Jahre U-förmige Täler ausgehöhlt und manche Gebirgsgrate abgeschliffen hat, aber auch viele malerisch eingebettete tiefgrüne Bergseen hinterließ, für deren Schönheit der Park berühmt ist.

Wer Gebirgslandschaften mit ihren zerklüfteten Felsmassiven, verschwenderisch blühenden Alpenwiesen, munteren Bergbächen und weitreichenden Panoramasichten auf erhabene Gipfelketten jeder anderen Landschaft vorzieht, dessen Erwartungen werden hier erfüllt werden. Die vielfältigen Möglichkeiten der verschiedenen Touren, die das Reservat über seine verschiedenen Zufahrten bietet, sind kaum zu erschöpfen. Zusammen mit dem jenseits der kanadischen Grenze liegenden Teil bildet das Naturschutzgebiet den »Waterton-Glacier International Peace Park«, dessen nördlicher Bereich über eine landschaftlich sehr reizvolle Straße leicht zugänglich ist.

Morgenstimmung am Lake Sherburne

»Kissing Squirrels«
Columbian Ground Squirrels
(citellus columbianus)
prüfen ihre Familien-
Zugehörigkeit durch
gegenseitiges Beschnuppern

Reiter am Swiftcurrent Lake und Mt. Sincpah

Der Bearhat Mountain am Hidden Lake.
Vom Logan-Paß aus lohnendster Kurzwanderweg

Grand Canyon

Der Grand Canyon, im Jahre 1540 von dem Hauptmann Garcia López de Cárdenas, einem Gefolgsmann des spanischen Eroberers Francisco Vázques de Coronado zufällig entdeckt, ist das heute wohl populärste und eindrucksvollste Naturwunder der Welt.

Er verdankt seine Entstehung dem Colorado River, der etwa 3000 m hoch in den Südwesthängen der Rocky Mountains entspringt und nach 2334 km in den Golf von Kalifornien einmündet. Das Einzugsgebiet des Stromes umfaßt eine Fläche von 620 000 km^2 in fünf Staaten. Während seines Laufes sägte er neunzehn Canyons in die umgebende Erosionslandschaft, sowie das seit 35 – 65 Millionen Jahren bestehende Kaibab Plateau. Die Geologen nehmen an, daß diese Ausfräsung erst vor frühestens 2,6 Millionen Jahren, höchstens aber 25 Millionen Jahren begann. In dieser Zeit wuchs die Tiefe des Grand Canyons, vom Nordrand zum Fluß gemessen, auf durchschnittlich 1740 Meter, während der Südrand, dessen Wände steiler abfallen, etwa 360 m tiefer liegt. Entlang dem South Rim Trail beträgt die Canyontiefe etwa 1480 m. Heute liegt der Wasserspiegel des Colorado River unterhalb des Bright Angel Trails bei durchschnittlich 750 m über dem Meeresspiegel.

Die vom Colorado freigelegten Schichten ermöglichen einen einzigartigen Aufriß der Erdgeschichte und Einblick auf das älteste freiliegende Gestein unseres Planeten. Die von oben nach unten aufeinanderfolgenden Felsformationen umfassen zwölf verschiedene Lagen mit Altern von 250 Millionen bis 2 Milliarden Jahren, was fast der Hälfte des Gesamtalters unserer Erde entspricht.

Die Länge des Grand Canyons beträgt 446 km, seine Breite zwischen 200 Metern und 30 Kilometern. Der National-Park umfaßt davon rund 170 km des Colorado-Laufes, der auf dieser Strecke unzählige reißende Stromschnellen bildet, im gesamten Canyon über 150, davon 70 größere. Bei einem durchschnittlichen Gefälle von 1,46 Metern pro Kilometer und insgesamt 665 Metern innerhalb des Grand Canyons erreicht der Fluß eine mittlere Geschwindigkeit von 4 bis 20 km/h je nach Jahreszeit und Wettersituation.

Seine Wasserführung vor Errichtung des Hoover-Damms 1936 und Glen-Canyon-Damms 1963 betrug zwischen 20 m^3 und 3556 m^3 pro Sekunde, wobei Sand, gelöstes und ausgewaschenes Material in der Größenordnung von nur wenigen bis zu 27,6 Millionen (!) Tonnen pro Tag, bei einem Jahresdurchschnitt von 500 000 Tonnen täglich befördert wurden. Hinzu kamen schätzungsweise die gleiche Menge Geröll und Felsbrocken, die am Grunde der Flußmitte mitgerissen werden. Nach streckenweiser Bändigung des Stromes durch Talsperren, welche die Strom- und Wasserversorgung großer Teile Kaliforniens sichern, hat der Colorado nur scheinbar, nämlich im Bereich der Stauseen Lake Powell und Lake Mead von seiner Wildheit eingebüßt, denn noch immer werden ca. 80 000 Tonnen Gesteinsmaterial pro Tag flußabwärts verfrachtet.

Alte Wacholderbäume
(Juniperus) klammern sich
an die Felsenabstürze

Neben diesen eindrucksvollen Fakten, die das menschliche Vorstellungsvermögen herausfordern, sowie den einzigartigen Einsichtsmöglichkeiten in die Entstehungsgeschichte unseres Planeten, ist der Grand Canyon und seine zahlreichen Nebencanyons aber auch ein ausgedehntes biologisches Museum. Da die jeweiligen Plateau-Ränder nur teilweise miteinander verbunden sind, finden sich auf den nordwärts gerichteten Steilhängen ganz andere klimatische Bedingungen als auf den Südgefällen, die zudem durch die über 1600 m Höhenunterschied derselben noch differenziert werden. Nicht überraschend daher, daß sich je nach Lage und daraus resultierendem Mikroklima eine Tier- und Pflanzenvielfalt entwickelt hat, die von der Wüsten-Ökologie in der Tiefe der Schluchten bis zu dichten Nadelholzwäldern auf den Canyonrändern reicht.

Die geologische und biologische Entstehung und weitere Entwicklung des Grand Canyon ist seit ihrem Beginn ein fortwährender Prozeß, der auch heute noch täglich weiterschreitet.

Der Grand Canyon aber blieb von jedem zivilisatorischen Eingriff unberührt. Die oberhalb und an seinem Ende entstandenen künstlichen Seen ergänzen ihn in fast idealer Weise und bieten mit ihren vielen tausend Kilometern Uferarealen eine praktisch unerschöpfliche Erholungslandschaft für Ausflügler, Camper, Bootsfahrer, Angler und Naturliebhaber.

Wer Interesse für neuzeitliche Technik hat, kann die gewaltigen Staumauern und Kraftwerke bestaunen und sich über Konstruktion und Funktion ihrer Technologie in Führungen und durch eigens angegliederte Museen bis ins Detail kostenlos informieren.

96

Stündlich ändert sich . . .

das Licht, die Farben
und die Stimmungen

98

Bei Gewitter-
stürmen stürzen
Tausende
von Tonnen
Felsgestein
in den Strom

Desert View Point.
Beste Stelle, den
Colorado in 1600 m
Tiefe einzusehen

100

Steil stürzen
Redwall-Cliff
und Kalkstein-
Wände zur
inneren
Schlucht des
Colorado ab

Abend-
stimmung
am Yaki Point
mit Vishnu
Temple

Grand Teton

Weit im Nordwesten des Staates Wyoming, mit dem John D. Rockefeller Jr. Memorial Parkway an den berühmten Yellowstone N.P. südlich anschließend, liegt der Grand Teton National Park, dessen wildromantisches Landschaftsbild, verglichen mit allen anderen Naturreservaten der USA, den Europäer wohl am meisten zu Vergleichen mit den Gebirgsszenerien der Alten Welt anregen wird.

Sein vielschichtiger Entstehungsverlauf erstreckt sich über 2,5 Milliarden Jahre zurück bis ins Präkambrium-Erdalter, zu welcher Zeit jenes kristalline Gefels entstand, das heute, nach mehrfacher Faltung und Liftung dieser Zone vor ca. 65 Millionen Jahren, sowie mindestens dreier Eiszeiten und Gletscheraktivitäten der letzten 250 000 Jahre, die höchsten Erhebungen dieses alpinen Massivs bilden. Es sind die gewaltigen, mehr als 1800 Meter sich jäh über das Tal des Snake-River erhebenden Felsschroffen der Grand-Teton-Gruppe und seiner in nordsüdlicher Richtung sich erstreckenden Ausläufer, die sich innerhalb eines ausgedehnten Faltensystems der Erdkruste aufgeworfen haben, ein Prozeß, der sich noch in den letzten Jahrhunderten meßbar fortsetzt.

In allen westlichen Staaten heimisch: Das amerikanische Stachelschwein (porcupine/ Erethizon dorsatum)

4197 m erheben sich die Gipfel des Grand Teton ▶

Fruchtbare Wildweiden am Cottonwood Creek

Seite 110/111:
Von einem 3109 m hohen Berggipfel bei Alta
weitet sich ein großartiges Gipfelpanorama
auf die Grand-Teton-Gruppe von Westen her

Jenny Lake
und
Mt. Moran
3842 m

Saftige Weiden findet
die Elchmutter für ihre
Jungen in Willow Flat

Bei Sonnenaufgang
am Oxbow Bend des
großen Snake River

Great Smoky Mountains

Je zur Hälfte im Westen des Staates North Carolina und auf dem Boden des östlichen Tennessee liegt der Great Smoky Mountains National Park. Er umfaßt einen nahezu ostwestlich ausgerichteten, etwa 85 km langen und 30 km breiten Bereich des südlichen Appalachen-Gebirges, welches den Osten der USA von Maine bis Georgia beherrscht. Seine Berge gehören zu den ältesten Formationen der Erde.

Vor etwa 500 Millionen Jahren aus Ablagerungen einer flachen See entstanden, wurde das Gesteinsmaterial vor 200 Mill. Jahren emporgehoben, so daß spätere Eiszeitgletscher an seinem Nordrande zum Stehen kamen. Daraus erklärt sich u. a., daß noch heute am Mount Le Conte Baumarten des südöstlichen Kanadas gefunden werden und das ganze Gebiet als Scheide wie Sammelplatz nördlicher und südlicher Pflanzengattungen und Tierarten angesehen wird.

Sein Landschaftsbild ist gekennzeichnet von milden Konturen. Es erstreckt sich in weiträumigen Formen von Bergkuppenreihen, die wildreicher Mischwald dicht bedeckt, über fruchtbare Täler, von zahllosen Quellbächen und Wasserfällen durchquirlt, hernieder zu den glitzernden Seenflächen des vielarmigen Fontana-Lake; ein Naturareal ohne fremdartige Ungewöhnlichkeiten, aber von bezwingender Größe und paradiesischer Ausgewogenheit, die sich auf den Besucher als wohltuende Entspannung unmittelbar überträgt.

Meist in den Wolken: Die sanften Hügelketten der »Smokies«

Guadalupe Mountains

Das gewaltige Gebirgsmassiv der Rocky Mountains durchzieht den gesamten Westen der USA. Seine südlichen Ausläufer enden schließlich im äußersten Westen von Texas, mit dem 2667 m hohen Guadalupe Peak als höchstem Gipfel.

Der Guadalupe Mountains National Park umfaßt einen V-förmigen Teil dieser Kalksteinrücken, dessen geologische Entstehungsgeschichte dem unweit nördlich liegenden Carlsbad Caverns gleich ist.

Das vor 225 – 280 Millionen Jahren von Meerestier-Ablagerungen aufgebaute Riff ist heute noch als 500 km weites Hufeisen im westlichen Texas und angrenzenden New Mexico nachweisbar, obwohl durch Erosionseinebnung nur dessen höchstgelegene Teile noch bis zu 1600 Metern aus den umliegenden Bassin-Steppen emporragen. Eingetrocknete Salzseen in den wüstenartigen Niederungen verdeutlichen die bisherige Landschaftsgeschichte, Erosionshalden und Staubstürme ihre weitere Entwicklung.

Bighorn Sheep
(Ovis canadensis)

Guadalupe Peak (2667 m)

Haleakala
Hawaii Volcanoes

Wer die Westküste Nordamerikas besucht, der sollte sich keinesfalls den vergleichsweise billigen Sprung mit dem Flugzeug von Kalifornien zum Inselarchipel Hawaii
entgehen lassen. Denn, was er dort neben dem unvergleichlichen Flair dieses subtropischen Frühlings-Paradieses erleben wird, ist unvergleichlich: Die berühmten Vul-
kanriesen, zugleich aktivste Feuerberge unseres erkalteten Planeten und dessen
höchste Gebirgsbildungen, vom Meeresgrund aus gemessen.
Allein vulkanische Kräfte ließen die gesamte hawaiische Inselkette entstehen. Nach
heutiger Kenntnis begann der Prozeß damit, daß vom Boden des hier 5998 m tiefen
Pazifik seit etwa 5–10 Mill. Jahren riesige Mengen feurig-flüssigen Magmas empor-
quollen, bis dieses schließlich inselbildend die Wasseroberfläche überschritt. In
weiteren 2–3 Mill. Jahren wuchsen die Vulkaninseln durch immer neue Lavaaus-
bruchs-Schichten zu heutiger Größe und Höhen bis zu 4205 m an. Von der Basis aus
gemessen, bedeutet dies ein Bergmassiv von rund 10 200 Metern soliden Felsmate-
rials, aufgetürmt in jüngster Erdzeit, und noch immer unvermindert aktiv.

Nur auf dem 3000 m hohen Gipfel des Haleakala auf Maui wächst das Silversword

Während die meisten Vulkane andernorts nur unter großen Gefahren bei ihrer Ausbruchstätigkeit beobachtbar sind, und trotz erheblicher Fortschritte in der Geophysik immer wieder Menschenleben fordern, bergen die Eruptionen der Hawaii-Vulkane kaum ein persönliches Risiko. Sie werden daher von den anwesenden Touristen und vielen vom Festland zuströmenden Interessenten gefahrlos als überwältigendes Naturschauspiel bestaunt.

Dies wird ermöglicht durch ein dichtes seismographisches Beobachtungssystem, welches drohende Lavaaustritte und deren Lokalisation voraussagen läßt, sowie durch die günstigen topographischen Verhältnisse der Inseln und deren gutausgebauten Straßen innerhalb der Kraterregionen, die eine Beobachtung aus relativer Nähe der recht häufigen Ausbrüche zulassen.

Niederblick in die 11 km lange Caldera mit zahlreichen Vulkankegeln

Nirgends sonst hat der naturinteressierte Tourist eine derart hohe Chance, unmittelbarer Augenzeuge des wohl eindruckvollsten Naturphänomens zu werden, wie es die unter donnerndem Brausen viele hundert Meter hoch in den azurblauen Himmel aufsteigenden Lavafontänen des Mauna Loa und Kilauea-Vulkans darstellen.

Obwohl die ganze hawaiische Kette, die aus acht größeren Inseln und unzähligen Eilanden besteht, primär rein vulkanischen Ursprungs ist, wurde permanent aktiver Vulkanismus in historischer Zeit nur noch auf der Hauptinsel Hawaii beobachtet, während auf Maui der Haleakala-Krater letztmalig im Jahre 1790 zwei kleinere Lavaaustritte an seinen Flanken in nur 175 m ü. M. produzierte. Dies bedeutet jedoch nicht, daß er als erloschen angesehen werden kann. Ganz eindeutig aber verlagert sich die vulkanische Ausbruchtätigkeit in südöstlicher Richtung, sowohl innerhalb des Archipels wie auch auf der Insel Hawaii selbst.

Wer nicht das Glück hat, gerade zufällig während einer akuten Eruptionsphase auf Hawaii zu sein, dem entgeht das Spektakulärste. Trotzdem bieten sich dem Beschauer der Szene so viele und fesselnde Restformen jüngsten vulkanischen Geschehens, daß er einen hervorragenden Anschauungsunterricht von den Werdegängen unserer Erde vermittelt bekommt, und er erfährt durch Einblicke und Eindrücke von bleibender Prägnanz vor allem die Erkenntnis, daß diese Kräfte unvermindert weiter wirksam sind.

Seite 122/123: ▶▶
Typische Eruption und Lavastrom des Kilauea-Vulkans, Hawaii Volcanoes N.P., am 1. 3. 1983 an der East Rift Zone, dem Hauptausbruchsbereich der letzten Jahrzehnte

Der Black Sand Beach bei Kaimu auf Hawaii

Farnwald
bei Thurston
Lava Tube
am Kilauea-
Vulkan
auf Hawaii

124

Aktiver Vulkanismus aus jüngster Zeit überall in Hawaii

Die schönsten Orchideen und tropische Blütenpflanzen schmücken Hawaii ganzjährig

Hot Springs

Unweit südwestlich der Hauptstadt von Arkansas, Little Rock, liegt der Hot Springs National Park, benannt nach seinen 47 heißen Quellen.

Schon ehe der weiße Mann ins Land kam, wurden die aus magischer Erdentiefe aufsteigenden warmen Wässer von den Indianern ungeachtet ihres Lebensraumes oder ihrer Stammeszugehörigkeit als neutraler Ort geachtet und zur Heilung ihrer Gebrechen oder Wunden gemeinsam friedlich genutzt.

Durch die vielen, in europäischer Badekultur kenntnisreichen Einwanderer des letzten Jahrhunderts, nahm das Heilquell-Gebiet schnellen Aufschwung, erhielt staatlichen Schutz und wurde schließlich 1921 zum National-Park erklärt.

Heute weiß man Genaueres über Entstehung und innere Struktur des Quellenareals auszusagen, welches täglich etwa 4 Millionen Liter Mineralwasser von durchschnittlich 61 °C liefert. Die chemische Analyse hat erwiesen, daß die Zusammensetzung der löslichen Beimengungen aller Quellen praktisch gleich ist. Dies wird verständlich, wenn man durch geologische Untersuchungen und Tritium-Bestimmungen erfährt, daß es sich lediglich um ursprüngliches Regenwasser handelt, welches aus den nordwestlichen Ouachita-Mountains kommend, durch Eintritt in tiefreichende Gesteinsspalten und Risse der Erdkruste bis zu vulkanisch-heißem Gefels absinkt, wo es auf Siedepunktnähe erhitzt wird. Inzwischen hat das Wasser auf seinen weiten Wegen vielerlei Mineralien, Gase und radioaktive Substanzen in sich aufgenommen, ehe es, wieder teilabgekühlt die Erdoberfläche als wohltätiges Quellgebiet erreicht.

Die erwähnten Untersuchungen lassen erkennen, daß nur ein geringer Anteil des Thermenwassers weniger als 20 Jahre alt ist, der größte Prozentsatz hingegen weitaus länger im Erdinneren unterwegs war, nämlich rund 4000 Jahre.

Im Unterschied zu vielen bekannten Thermen ist das Hot-Springs-Quellwasser trotz seiner hohen Ursprungstemperatur ohne jeden unangenehmen Geruch oder Geschmack, so daß Trinkkuren, wie auch die verschiedenen Badeanwendungen nicht durch persönliche Aversionen eingeschränkt werden.

Zwei der Quellen, die Display Springs, sind ungefaßt geblieben, um den Besuchern einen natürlichen Eindruck vom früheren Zustand des Gebietes zu vermitteln. Sie sind von Bathhouse Row oder der Promenade aus zugänglich. Über eine Tonbandanlage kann man alles Wissenswerte ihrer Naturgeschichte abhören.

Alle anderen Heißwasseraustritte werden unter Luftabschluß abgeleitet und unter allmählicher Kühlung auf die jeweils vorgesehene Gebrauchstemperatur gebracht, ohne daß die wichtigen Inhaltsstoffe beeinträchtigt werden oder verlorengehen können. Über ein weitverzweigtes Rohrsystem und zwei bis zu 1,5 Millionen Liter fassende Sammelbehälter wird das Heilwasser dann den 17 Badehäusern (9 im Park, 8 in der Stadt) und Trinkbrunnen zugeführt. Fast jedes der größeren Hotels hat daher seine eigenen Brunnen, Badeanstalten und von Ärzten geleiteten hydrotherapeutischen Abteilungen; eine Bequemlichkeit, die man sonst nur selten findet.

Gepflegte Promenaden, heiteres Klima und moderne Hotels prägen den gastlichen Kurort

Die blaugrüne Färbung des offen austretenden Thermalwassers und seiner Ablagerungen wird bedingt durch eine wärmeliebende Algenart, Phormidium treleasi. Sie kommt nirgends sonst in der Welt vor außer hier und in einer Therme von Banff in Kanada. Durch ihren Stoffwechsel bauen diese Algen die Calcium- und Siliziumverbindungen des Quellwassers in unlösliches Gestein um, genannt »tufa« (Tuffstein).

Isle Royale

Im Nordwesten des Lake Superior, dicht an der den See ostwärts durchziehenden kanadischen Grenze, liegt eine etwa 70 km lange Insel parallel zur rund 20 km entfernten Küstenlinie Michigans. Ihre Entstehung aus basaltischer Lava reicht eine Milliarde Jahre zurück. Erst in den letzten 3 Mill. Jahren wurden die Felsformationen durch Eiszeitgletscher zu rundlichen Kuppen abgeschliffen und U-förmige Täler und Bassins herausgearbeitet, die sich mit geröllführenden Flüssen und herben Bergseen füllten. Eine urige Landschaft von beeindruckender, aber auch bedrückender Weltverlorenheit entstand so und blieb in ihrer einsamen Unberührtheit über geschichtliche Zeiten erhalten. Dies geschah vor allem infolge ihrer isolierenden Lage inmitten eines riesigen Binnensees, wie auch durch das nordisch-kühle Klima dieser wenig fruchtbaren Region.

Trotzdem fanden sich aus der Zeit um 2500 v. d. Zeitrechnung Spuren frühester Siedler, die spärliche Kupferadern primitiv abbauten. Als 1671 französische Pelzhändler die Insel entdeckten, bewohnten noch vereinzelte Indianer das unwirtschaftliche Eiland, sie wußten jedoch von dessen Erzvorkommen nichts mehr. Trotz der rauhen Schönheit des schmalen Inselrückens, der dem abgehärteten Naturfreund unbestreitbare Reise zu bieten vermag, dürfte die Bedeutung dieses National-Parks für den europäischen Touristen eher gering einzuschätzen sein.

Lassen Volcanic

Im Nordwesten Kaliforniens liegt der außer dem Mount St. Helens (1980) einzige in jüngerer Zeit aktive Vulkan der USA, abgesehen von Alaska und Hawaii. Er gehört zum südlichen Teil des Kaskaden-Gebirges, das Kanadas British Columbia und die Staaten Washington, Oregon und Kalifornien in nordsüdlicher Richtung durchzieht. Vor rund 11 000 Jahren, als noch viele Gletscher diese Region bedeckten, dürfte ein etwa 4500 m hoher Staukuppen-Berg entstanden sein, und zwar innerhalb von nur 5 Jahren durch aus dem Erdinneren empordringendes Magma. Man kann ihn als späten Nachfolger des Mount Tehama ansehen, der sich während der Miozän-Epoche vor ca. 25 Millionen Jahren unter heftigen Erdbeben und vulkanischen Eruptionen hier aufgerichtet hat, später aber wieder in eine riesige Caldera zurückgesunken ist.

»Bumpass Hell« zeigt alle solfatarischen Phänomene des schlafenden Vulkans

In geschichtlicher Zeit wurde die Gegend mit ihren zahlreichen Aschekegeln und erkalteten Lavaströmen zwar als früheres Vulkangebiet erkannt, jedoch seine Aktivität als erloschen betrachtet. Der höchste dieser Berge wurde ab 1850 nach einem dänischen Einwanderer dieses Namens Lassen Peak benannt, weil jener Pionier den weithin sichtbaren Konus als Orientierungspunkt für früher durchziehende Siedler verwendete. Noch Anfang dieses Jahrhunderts war die Besteigung dieses 3187 m hohen Gipfels eine in Kalifornien beliebte Bergtour, zumal dem Wanderer durch die heißen Quellen, die Schwefelfumarolen und die bizarren Lavaformationen fremdartige Eindrücke vermittelt wurden.

Völlig unerwartet und ohne jegliche Voranzeichen begann jedoch am 30. Mai 1914 eine heftige Ausbruchsperiode, die mit 289 Eruptionen bis 1921 andauerte. In dieser Zeit höchster Aktivität wurden Hunderte von Quadratkilometern Land mit Aschenlagen, Lavaströmen und Bomben eingedeckt. Heiße Schlammströme und vom Kraterrand niederstürzende Glutwolken vernichteten über 5 Millionen Festmeter Wald bis in 30 Kilometer Entfernung.

Heute ruht der Vulkan wieder. Nur Dampfquellen, Schwefelaushauchungen und heiße Schlammtümpel lassen verborgene Urgewalten noch sichtbar werden. Weitere Ausbrüche müssen erwartet werden. Deren Zeitpunkt jedoch kann der erfahrenste Geologe nicht voraussagen.

Bei »Chaos Crags« sieht man das weite Trümmerfeld zersprengten Gesteins

Lassen
Peak
vom
Manzanita
Lake

Mule deer (odocoileus hemionus)

Hat Creek-Indianerin

Indian-Pink

Der
»Broke off-
Mountain«,
Caldera-
Rand des
Urvulkans

Mt. Lassen
von der
»Kings
Creek
Meadow«
◀

Vom Krater
des Mt.
Lassen
reicht
der Blick
120 km
weit bis
zum Mt.
Shasta
(4317 m) ▶

Mammoth Cave

Leider verfügt der Europa näherliegende Osten der USA über weit weniger Naturwunder als der westliche Teil des Landes. Seine Sehenswürdigkeiten stehen jedoch ohne Zweifel auf gleicher Ebene mit anderen National-Parks.

Wer im Bereich des Staates Kentucky oder dessen weiterer Umgebung reist, sollte deshalb keinesfalls den Besuch der im Nordwesten liegenden Höhlensysteme Mammoth Cave versäumen, denn diese weitausgedehnten und prächtigen Tropfstein-Höhlen gehören zu den größten, die man auf der Erde zu sehen bekommen kann.

Die Geologie des Gebietes gleicht dem vieler anderer Höhlenbildungen. Während früherer Erdzeitalter, bis vor etwa 340 Millionen Jahren, setzten sich in damaligen Meeren tierische und pflanzliche Sinkstoffe als Kalksediment ab, die von späteren Formationen infolge Verwerfungen und Hebungen innerhalb der Erdkruste überdeckt wurden. In nachfolgenden Jahrmillionen drang Regenwasser durch die Oberlagen und löste aus den Calcit-Schichten unterirdische Höhlengänge, wobei sich allmählich aus winzigen Mengen gelöster Calcium-Salze von der Decke herabhängende (Stalaktiten) und vom Boden aufbauende (Stalagmiten) Kalksinter-Säulen herauskristallisierten. Die dabei entstehenden Formen, Traumarchitekturen und Farbenskalen erregen begreiflicherweise von jeher die Bewunderung und die Phantasie der Besucher, und fordern auf, über erdgeschichtliche Bildungsvorgänge nachzudenken.

Überall in Amerika findet man zahlreiche überzeugte Höhlenbewohner: Die zutraulichen Erdhörnchen

Gleichwertig
zur namen-
gebenden Größe
der Mammut-
Höhle sind die
Schönheit und
der ungewöhn-
liche Formen-
reichtum der
Mammoth
Onyx Cave

Mesa Verde

Mesa Verde ist der einzige nordamerikanische National-Park, der nicht nur wegen seines typischen Landschaftscharakters unter Naturschutz gestellt wurde, sondern vorwiegend aus Gründen seiner einzigartigen Zeugnisse präkolumbianischer Besiedlung des Kontinents. Er liegt bei Cortez in der südwestlichen Ecke Colorados, dem sogenannten Four Corners Land.

Mesa Verde, spanisch für »grünes Tafelland«, ist nur ein begrenzter Teil des 117 000 Quadratkilometer großen Colorado-Plateaus; einer Hochebene im Süden Utahs und Colorados, sowie im Norden Arizonas und New Mexicos. Es stellt nur ein Fünftel des wüstenartigen Wassereinzugsgebietes des 2334 km langen Colorado-Flusses.

Was vor 60 Millionen Jahren noch ein flaches Binnenmeer war, in das aus den Stromgebieten des Umlandes Erosionsgeröll gespült wurde, welches sich an seinem Boden zu starken Sedimentschichten verdichtete, wurde seit 25 Millionen Jahren kontinuierlich emporgehoben und trockengelegt. Dabei entstand eine nach Süden deutlich abfallende Geländeneigung, welche nunmehr von den Flußläufen der letzten Jahrmillionen durch tiefe Canyons zerklüftet wurde.

Die oberste und jüngste Felsschicht der Mesa Verde Region, der Cliff House Sandstone, ist eine relativ poröse Formation, gefolgt von mindestens einer wasserundurchlässigen Unterlage, dem Menefee-Ton. Diese geologische Situation hatte für die spätere Besiedlung des Colorado-Plateaus vor über 10 000 Jahren durch die jagdtreibenden Paleo-Indianer geringe Bedeutung. Anderes gilt für die seit der Zeitwende nachfolgenden Stämme, die archaischen Völker, denn diese begannen auf den feuchtigkeitsbindenden Böden der Mesahöhen mit primitivem Ackerbau und wohnten bei halbnomadischer Lebensweise schon in primitiven Höhlen ohne jegliche Baulichkeiten.

Erst im Verlaufe weiterer tausend Jahre entwickelte sich mit zunehmender Seßhaftigkeit das Verständnis für Bodenanbau und die Fertigkeit manueller Techniken, wie etwa die Korbflechterei, wonach heute die bis 750 n. Chr. reichende Periode der Basketmaker genannt wird. Das Pit-House, eine primitive Wohngrube, wurde Vorbild der großen Kivas, Stätten zeremonieller Versammlung oder unbekannt gebliebener Rituale.

Die ersten freistehenden Mauerwerke entstanden in Form von Einzelhütten, die sich später zu aneinandergereihten Hauszeilen, meist halbbogenartigen Wohngemeinschaften entwickelten und daher Pueblos genannt wurden. Diese Bauform fand schließlich in verfeinerter Weise Einzug in die geräumigen Felsaushöhlungen der Canyon-Steilwände. Mit dem Bau von mehrstöckig gemauerten Dorfanlagen und Türmen wurde in der Großen Pueblo-Periode ein handwerklicher Höhepunkt erreicht, wie auch andere Bereiche kultureller Entwicklung, vor allem Töpferei, textile Fertigkeiten, Wasserführung, verbesserter Ackerbau und Handelsbeziehungen ein »goldenes Zeitalter« für die Pueblo-Leute darstellten.

138

Von besonderem Vorteil bei der Anlage jener Höhlendörfer war, daß die natürlichen Felsnischen sowohl Schutz vor dem Wetter und möglichen Feinden boten, andererseits aber leichten Zugang zu den landwirtschaftlichen Nutzungsgebieten hatten. Vor allem aber wurde die Wasserversorgung ihrer Bewohner in diesem sommertrockenen Gebiet dadurch gewährleistet, daß aufgrund der saugfähigen Oberschicht und der darunterliegenden wasserdichten Gesteinslage meist innerhalb der Höhlen oder wenig darunter Trinkwasserquellen austraten, die zu allen Jahreszeiten ausreichten.

Trotzdem fand diese kulturelle Hochepoche ein verhältnismäßig jähes Ende, denn nach dem Jahre 1300 n. Chr. ergibt sich keine archäologische Evidenz mehr für eine Besiedlung sowohl der Höhlen wie der Mesa. Lange Zeit stand die Wissenschaft vor einem Rätsel, was den Bewohnern zugestoßen sein könnte, und wo sie verblieben waren.

Durch die in den letzten Jahrzehnten vervollkommnete Methode der Baumring-Analyse und anderen Verfahren kann heute als gesichert gelten, daß eine 1276 n. Chr. begonnene 24jährige Trockenperiode die Hauptursache für das Verlassen einer Region gewesen sein dürfte, in der sich über tausend Jahre eine Bevölkerungsgruppe in stetiger kultureller Entwicklung befunden hatte. Vermutlich sind die letzten Mesa-Verde-Bewohner in südwestlicher Richtung abgewandert und in ihrem neuen Lebensraum im Laufe der folgenden Jahrhunderte von anderen Gruppen absorbiert worden. Somit ist wahrscheinlich, daß ihre Nachfahren unter anderen Pueblostämmen, etwa den Hopi- oder Zuni-Indianern zu suchen sind.

Diorama »The Great Pueblo Period – 1100–1300 A.D.«

Cliff Palace ▶

◀
Hoch im Felsen
des
Navajo Canyon
der
Square Tower,
schon um 1200
dreigeschossig
gebaut

Mount Rainier

Der wohl schönste Einzelberg der 48 aneinandergrenzenden Kontinentalstaaten der USA ist der 4392 m hohe gletschergekrönte Vulkanriese Mount Rainier, dessen regelmäßiger gleißender Konus sich mehr als 3500 m über die in 150 km Umkreis liegende Landschaft westlich des mittleren Kaskaden-Gebirges erhebt.

Seine Geburtszeit liegt rund 1 Million Jahre zurück, als aufsteigendes basaltisches und Andesit-Magma, explosive Auswürfe von Schlacken, Asche und anderes pyroklastisches Material den Vulkan aus der berstenden Erdkruste emportürmten. Gegen Ende des Pleistozäns dürfte seine Höhe rund 330 m mehr als heute betragen haben, sein Volumen sogar das Anderthalbfache des jetzigen. Nachfolgende Erosionsperioden, die in Form gewaltiger Geröll- und Schneeschlammlawinen die steilen Hänge abräumten, wurden zwar durch zwischenzeitliche Gipfelausbrüche wieder teilausgeglichen, doch verschob sich dies frühere Gleichgewicht infolge nachlassender Eruptionen schließlich zugunsten eines schlankeren Profils des Berges, dessen Lockermaterial zudem durch mächtige Gletscher laufend zu Tale geschürft wurde. Dampfexplosionen am Krater mit hierdurch ausgelösten Muren vor 5000 und 3500 Jahren haben zur heutigen Form seiner Konturen erheblich beigetragen.

Die letzten datierbaren Ausbrüche, jedoch geringeren Ausmaßes, ereigneten sich vor 2000 Jahren, dann wieder zwischen 1820 und 1854, sowie in letzter Zeit vor allem 1963, gefolgt von einem ungeheuren Erdrutsch, wobei 10 Millionen Kubikmeter Fels und Lockermassen bis 6,5 km weit ins White River Tal stürzten, mit Geschwindigkeiten bis zu 150 km/h.

Große Teile des Gipfelareals, dessen höchste Erhebungen erst vor ca. 2000 Jahren entstanden, werden von zahlreichen Gletschern bedeckt. Die ausgedehntesten sind der 5,7 km² große Nisqually Glacier und der Emmons Glacier, der mit 13 km² größte Gletscher der USA außerhalb Alaskas. Fast 100 km² des Mount Rainier sind von Eis und Schneelagen ganzjährig überzogen, weit mehr als irgendein Einzelmassiv des unmittelbaren Staatenbundes der USA. Nicht zuletzt deshalb bietet der weißhäuptige Gigant einen majestätischen Anblick.

Mount Rainier
von »Paradise«
frühmorgens

Im Juli auf allen Matten

eine prächtige Alpenflora

Clark's Nutcracker

Stets emsig, aber zutraulich:
Golden mantled Ground
squirrel (Citellus lateralis)

◀ Die Tatoosh Range, östlich des Gipfels, und Goat Island
Mountain sind beliebte Ski- und Wandergebiete

Die lockenden Horizonte der weitläufigen Cascade-Gebirgszüge

Bei Sonnenaufgang bietet
sich von »Sunrise« aus
ein grandioser Anblick
der Gipfelregion

146

Emmon's
Glacier
von »Sunrise
Point« aus

North Cascades

Im Norden des Staates Washington, unweit östlich des 3285 m hohen Vulkanmassivs Mount Baker, liegt im nördlichen Teil des Kaskadengebirges der North Cascade National Park und die Erholungsgebiete Ross Lake und Lake Chelan. Ihre vergletscherten Bergspitzen scheinen unmittelbar aus den tiefgrünen Gebirgsseen aufzusteigen, gesäumt von blauschwarzen Bergwäldern und dräuenden Karen, ein Naturschutzgebiet von strenger Größe und Einsamkeit.

Die Entstehung der Cascade Range reicht weit in die Erdgeschichte zurück. Der Gebirgszug dehnt sich von Nord-Kalifornien bis Britisch Columbia in südnördlicher Richtung über 1100 Kilometer parallel zur Pazifikküste aus und hat elementare klimatische Bedeutung für die Nordwest-Staaten.

Vor etwa 400 – 500 Millionen Jahren bildeten sich hier auf dem Grunde eines Meeres Kalk- und Sandsteinablagerungen, die später durch Kräfte des Erdinneren emporgehoben wurden. Vor 15 Millionen Jahren drang dann vulkanisches Magma herauf und brachte Granit-Intrusionen und weitere Hochliftung des Geländes mit sich. Die heutigen Konturen ergaben sich aber erst durch die Eiszeiten der letzten 500 000 Jahre, die mit ihren Gletschermassen schließlich viele der aufgetürmten Bergspitzen zu Kegelformen abschliffen und Kessel ausschürften, in denen sich postglaziale Bergseen und glattgekehlte Täler bildeten. Noch heute, 10 000 Jahre nach dem Ende der letzten dortigen Eiszeit, sind in den höheren Regionen über 300 Gletscher zwischen kahlen Felsschroffen zurückgeblieben.

Lehrvortrag eines Rangers am abendlichen Lagerfeuer

Blick von der Paß-Straße auf den fischreichen Ross-Lake

◀ Am Washington-Paß

Der 2783 m hohe Mount Shuksan mit seinem Massiv gehört zu den schönsten Regionen der vulkanischen North Cascades-Gebirge ▶▶

151

»Liberty Bells« – Freiheits-Glocken – nannten frühe Siedler diese Felstürme

In dichte
Wälder tief
eingeschluchtet
der hübsche
Diablo-Lake

Olympic

Im äußersten Nordwesten des Staates Washington liegt der Olympic N. P., der wegen seiner ausgedehnten Regenwald-Landschaften, des artenreichen Tierbestandes seiner Gebirgshöhen und Flußtäler, der Seen und der pazifischen Küste, sowie wegen seines kontrastreichen Klimas einzigartig in den Vereinigten Staaten ist.

Das halbinselbildende Gebirgsmassiv, welches sich heute mit dem Mount Olympus 2428 m hoch erhebt und in mehreren Durchmessern eine Basis von über 100 km hat, reicht in seiner Entstehungsgeschichte etwa 135 Millionen Jahre zurück, während der sich das frühere Kalk- und Sandsediment einer flachen See durch Hebe- und Verschiebungsvorgänge der Erdkruste mit zwischenzeitlich erfolgenden vulkanischen Magma-Intrusionen auftürmte. Spätere Erosionsperioden trugen die während des späten Pleistozäns gebildeten Bergstöcke teilweise wieder ab. Viermalige Eiszeiten, deren letzte vor ca. 11 000 Jahren endete, schürften weiteres Material in muldenförmig ausgekehlten Gletscherbetten zu Tal. Noch heute existieren über 60 Gletscher mit einer Gesamtfläche von 65 km² in diesem Areal. Eine beständige Schneelage bedeckt alle Höhen über 1800 m oder weniger, da dieses Gebiet zu den vor allem im Winterhalbjahr niederschlagsreichsten der westlichen Hemisphäre gehört. Die östlichen Teile des riesigen Bergstockes hingegen sind ausgesprochen trocken.

Morgenstimmung im Regenwald

Links oben: Auf dem »Hall of Mosses Trail«
Links unten: Octopus Trees nennt man solche Bäume,
die auf den modernden Stämmen alter Riesen sich erheben

An der Baumgrenze ▶

Mt. Olympus-Massiv von Hurricane Ridge. Nicht etwa zahm sind die freien Wildtiere der Parks, sondern zutraulich, weil sie gewöhnt sind, von den Menschen nicht belästigt zu werden

Rehböckchen – Mule Deer (Odocoileus hemionus)

Murmeltiere – Olympic Marmot (Marmota Olympus)

Petrified Forest
Painted Desert

Im Nordosten von Arizona liegt das umfangreichste Vorkommen durch Erosion zutage tretender versteinerter Bäume der Erde, die zu einem Nationalpark zusammengefaßten Wüstenregionen Petrified Forest und Painted Desert.

Während der letzten 20 Millionen Jahre der späten Trias-Zeit, also vor rund 180 – 200 Millionen Jahren, befand sich hier ein ausgedehntes Dschungel-Stromgebiet mit tropisch feuchtem Klima, in dem ein Überfluß von Pflanzen gedieh, vorwiegend Araucarien und Farne, sowie verschiedene den Kiefern ähnliche Koniferen-Arten. Abkömmlinge derselben finden sich noch heute in Südamerika, Australien und Neuseeland.

Das ursprüngliche Land wurde im Laufe der folgenden Jahrmillionen nachhaltig verändert durch Austrocknung, Sandstürme, Erosionsperioden, Bewegungen der Erdkruste und Überschichtung mit vulkanischem Ausbruchsmaterial, bis schließlich durch nachfolgende klimabedingte Auswaschung und Verfrachtung die ursprünglichen, heute Chinle-Formation genannten Basislagen wieder freigelegt wurden.

Inzwischen waren die Baumstämme 200 Millionen Jahre lang tief unter stetig wachsenden Schichten angeschwemmten Erosionsschuttes und Sandlagen begraben gewesen. Der hierbei bestandene hohe Druck, der starke Siliziumgehalt des Wassers sowie der völlige Luftabschluß ließen das Holz nicht verfaulen, sondern die gelösten Mineralien in die organischen Zellsubstanzen der Bäume und Pflanzen eindringen und letztendlich dort auskristallisieren. Damit entstand eine Form echter Versteinerung, die weitere Jahrmillionen überdauern konnte.

Unterschieden werden muß hierbei die grundsätzlich andersartige Jura-Versteinerungsart, bei der die von früheren Tieren und Pflanzen nach Absterben im Sedimentschlamm entstandenen Hohlräume von nachsickerndem Sinkmaterial ausgefüllt wurde und so lediglich Ausgüsse ohne Erhalt der Binnenstruktur dieser Abformungen entstanden. Ganz anders verhält es sich bei den hier gefundenen Baumstämmen, deren biologische Strukturen durch Einlagerung von Siliziumdioxid innerhalb deren Zellverbänden über Erdzeitalter hinweg völlig erhalten geblieben sind. Jura-Versteinerungen bestehen daher aus Kalkstein, die solidifizierten »Petrified Trees« hingegen aus massiven Quarz-Kristallen, die sich in vielen Fällen so exakt innerhalb der ehemaligen Zellformen gebildet haben, daß bis auf die heutige Zeit ein mikroskopisch treues Präservat der damaligen Pflanzenorganisation überliefert ist. Durch Anwesenheit anderer Mineralien und durch Metallverbindungen während der Verfestigungszeit, vor allem Kupfer, Mangan, Eisen und Kohle, entstanden überraschende Färbungseffekte von ausstrahlender, figurativer oder changierender Intensität und Nuancierung, deren unvergleichliche Schönheit vor allem im geschliffenen Zustand voll erkennbar wird.

162

Painted Desert: Blick vom Lacey Point

Painted Desert: Tawa-Point

»Agate Bridge«

Redwood

Eines der Gebiete, für die staatlicher Naturschutz am dringendsten geboten war, erhielt diesen Status erst 1968, gerade noch rechtzeitig, um die schönsten und größten Bäume der Erde vor dem Zugriff rücksichtsloser Verwertungsgesellschaften weitgehend zu retten: Die Immergrüne Küsten-Sequoia (Sequoia sempervirens), wegen ihres kräftig-roten Holzes englisch Redwood genannt und zur Familie der Mammutbäume gehörend.

Bereits 1769 von spanischen Eroberern mit Staunen entdeckt, wurden die von ihnen beschriebenen riesigen Ausmaße zunächst als völlig unglaubwürdig verworfen. Später wußte man dann zunächst mit den großen Bäumen, die Höhen bis 112 m (Libbey Tree) und Durchmesser bis 6,5 m erreichen, mangels geeigneter Technologie und Geländeerschließung nichts anzufangen. Aber bereits 1834, nachdem man die hervorragenden Eigenschaften des Holzes, wie Schlichtheit und Festigkeit des Stammholzes, dessen prächtige Rotfärbung, weitgehende Fäulnis- und Termitenresistenz sowie den unermeßlichen Reichtum seiner Vorkommen erkannt hatte, wurde die erste Sägemühle errichtet.

Zum Glück erkannten bald Biologen, Naturschützer und engagierte Bürger-Organisationen die absehbaren Folgen profitgierigen Raubbaues an einem unvergleichlichen Allgemeingut und mobilisierten kommunale und staatliche Stellen. Die 1918 gegründete »Save The Redwood Leaque«, die »National Geographic Society« und viele wohlhabende Privatpersonen stifteten hohe Beträge zum Ankauf bedeutender Areale und verwendeten sich mit Nachdruck bei den zuständigen Regierungsinstitutionen, bis schließlich in 28 Staats-Parks 36 500 Hektar Coast Redwood völligen Schutz vor privater Nutzung erhielten. Im Redwood National Park wurden 22 744 Hektar der schönsten Areale zusammengefaßt und der naturliebenden Öffentlichkeit nach Anlegung schonender Straßenführung, mit Informationszentren, Camping- und Picknickplätzen sowie ständiger Pflege und Aufsichtsführung durch staatliche Ranger zugänglich gemacht.

Vor 30 Millionen Jahren waren die Mammutbäume, wie Versteinerungen ausweisen, auf allen Teilen der Erde verbreitet. Heute hingegen finden sich nur noch drei verschiedene Spezies, zwei davon in den Vereinigten Staaten, wovon der über 2000 Jahre alt werdende Immergrüne Mammutbaum lediglich in einem schmalen Küstenstreifen Kaliforniens und im Süden Oregons gedeiht, weshalb er auch Coast Redwood genannt wird. Seine lateinische Bezeichnung Sequoia sempervirens wurde 1847 von dem Wiener Botaniker Endlicher auf Empfehlung des Schweizer Naturforschers von Tschudi eingeführt, um damit den indianischen Sprachgelehrten Sequo-Yah (1770–1843) zu ehren. Der auch als George Guess bekannte Sohn des deutschen Einwanderers Georg Gist und einer Cherokee-Indianerin hatte bis 1821 das erste indianische Alphabet mit 86 Laut-Buchstaben entwickelt und wird deshalb bis heute als einer der bedeutendsten kulturschöpferischen Indianer Nordamerikas angesehen, obwohl es sich leider bei den meisten Stämmen nicht eingeführt hat.

166

Schönste von
allen: Die Stout
Grove bei
Crescent City

Roosevelt-Hirsch (Elk)

Rocky Mountain

Was die vergleichsweise kleinen Alpen für Europa sind, stellen die den ganzen nordamerikanischen Kontinent überragenden Rocky Mountains dar, deren nordsüdliche Ausdehnung von Alaska bis New Mexico verläuft. Die landschaftlich wie geologisch sehenswertesten Bereiche sind im Rocky Mountain N. P. unter Naturschutz zusammengefaßt, die mit 70 Gipfeln über 3600 m und 65 km der großen Wasserscheide »Continental Divide« den Scheitel Nordamerikas bilden.

Vor 300 Millionen Jahren begannen Hebeprozesse innerhalb der Erdkruste, die hier ein flaches Meer bedeckte, die ersten Berge zu bilden, welche mehrfach wieder absanken und erneut immer höher hinaufgeliftet wurden, bis vor 70 Millionen Jahren das Meer endgültig verdrängt war. Nachfolgende Erosionsperioden wechselten mit vulkanischen Aktivitäten. Erst vor 5 – 7 Millionen Jahren ereigneten sich die bis

Mountain Goats (Oreamnos americanos)

heute letzten gewaltigen Hebungen, welche die Höhenlage des heutigen Gebirges prägten. Die dabei entstandenen Grate und Felsspitzen wurden von den Gletschermassen der großen Eiszeiten der letzten Jahrhunderttausende zu U-förmigen Tälern ausgeschürft, während die reißenden Gebirgsströme tiefe Schluchten schufen. Erst vor 10 000 – 12 000 Jahren zogen sich die letzten Gletscher endgültig zurück. Deshalb sind die Landschaftskonturen der Rocky Mountains dieser Tage, im Gegensatz zu den europäischen Alpen, nur an wenigen Stellen von schroffzackigem Profil, vielmehr meist von abgerundeter Form und geringerer Flankensteilheit. Auf diese Weise ergibt sich selbst in Höhen von über 4000 m eine Topographie, die den an Alpen-Charakter gewöhnten Touristen bei einer nur flüchtigen Begegnung leicht enttäuschen könnte.

Doch wird dieser scheinbare Mangel an Wildheit bei weitem ausgeglichen durch die Vielfalt der Oberflächen-Struktur, die Mannigfaltigkeit der Gesteinsformationen, deren Entstehung bis zu 2 Milliarden Jahren zurückreicht, sowie die in Regionen gegliederten Vegetations- und Tierlebens-Bereiche. Vor allem die weitschwingenden Täler, hochreichenden Wälder, farbenprächtigen Almwiesen, idyllischen Bergseen und einsamen Tundren der Hochzonen sind in ihrer herben Schönheit ohnegleichen in den USA. Dem Europäer vermitteln die Rockies daher ein völlig neuartiges Gebirgserlebnis.

Sequoia Kings Canyon

Mitten in Kalifornien, auf halber Strecke zwischen Los Angeles und San Francisco, liegen am Westhang der hochalpinen Sierra Nevada der Sequoia National Park mit seinen imponierenden Riesen-Mammutbaum-Hainen und nördlich daran angrenzend die wilden Gebirgsschluchten des Kings Canyon National Park.

Da man zu letzterem mit dem Fahrzeug nur über eine zu beiden Gebieten führende Straße, die CA 180, gelangen kann, werden beide Parks hier gemeinsam beschrieben, obwohl ihre wesentlichen Merkmale durchaus sehr unterschiedlich sind.

Die östlichen Parkgrenzen bildet die Gipfelkette der Sierra Nevada mit dem Mount Whitney (4418 m), dem höchsten Berg der 48 zusammenhängenden Staaten der USA. Dieser Gebirgszug ist durch drei große Hebe- und Faltungsprozesse der Erdkruste seit der ausgehenden Permzeit vor über 200 Millionen Jahren entstanden. Zwischenzeitliche Erosionsperioden, erneute Liftungen während der Kreidezeit, verbunden mit magmatischen Intrusionen und nachfolgender Faltung in nordwestlicher Richtung mündeten schließlich von 1 Million Jahren in die Gletscheraktivitäten der letzten großen Eiszeiten des Pleistozäns. Dabei wurden tiefe Täler U-förmig ausgehoben und Granitpfeiler zu rundlichen Kuppen abgeschliffen.

Während in Europa die Eiszeitgletscher das Flachland und Mittelgebirge überwanden und dadurch alles bisherige Leben zum Erlöschen bringen konnten, blieben in der fast nordsüdlich orientierten Sierra infolge deren tiefer Zerklüftung und des südlicheren Klimas Teilbereiche unbedeckt.

Dieser Tatsache ist es vorwiegend zuzuschreiben, daß hier die vor 100 Millionen Jahren über fast alle Teile der Erde verbreiteten Riesen-Sequoias in mehr als 70 Waldhainen erhalten blieben, während sie anderswo völlig ausstarben.

»Big Tree« und »Giant Sequoia« sind Synonyme für die Art Riesen-Mammutbaum (Sequoiadendron giganteum), und nur diese Spezies kommt im Sequoia N. P. in Höhen von 1500 – 2400 m ü. M. vor. Dagegen gedeiht die zweite in Nordamerika heimische Art, der Immergrüne Mammutbaum (Sequoia sempervirens), nur in einem 700 km langen küstennahen Streifen Kaliforniens und Süd-Oregons bis höchstens 50 km landeinwärts. Er wird deshalb drüben »Coast Redwood«, oder wegen seiner Wuchshöhe »Tall Tree« genannt. (Siehe auch unter Redwood National Park, Seite 166.) Beide Sequoia-Arten erreichen Lebensalter von weit über 2000 Jahren, der Riesen-Mammutbaum wohl durchschnittlich sogar 1000 Jahre mehr und wird wegen seines enormen Stammvolumens »the greatest living thing« genannt.

Der »General
Grant Tree«
in der
Grant Grove
ist mit 82 m
Höhe und
565 Tonnen
Gewicht der
zweitgrößte
aller Riesen-
Mammutbäume
(Sequoiadendron
giganteum),
wegen seines
schönen Wuchses
auch
»Weihnachtsbaum
der Nation«
genannt

»The Senate«
am Congress
Trail, eine der
eindrucksvoll-
sten Gruppen
des Parks

Zahlreiche
Riesenyuccas
(Yucca elata)
säumen die
Steilhänge des
King River
Canyons
▶

◀
Beinahe
unfaßlich
sind die
Dimensionen
der 3000jährigen
Baumriesen,
deren
meterdicke
Borke
auch schwersten
Waldbränden
widersteht

Shenandoah

Der gesamte Osten der Vereinigten Staaten wird landschaftlich geprägt von den Appalachen, einem parallelgegliederten Mittelgebirgszug bis 2000 m Höhe, der sich von Maine im äußersten Nordosten über rund 2000 km und elf seiner Staaten hinweg bis Georgia in südwestlicher Richtung erstreckt.

Die Entstehung dieses wegen seiner tragenden Funktion und leicht S-förmig geschwungenen Form auch »backbone« genannten langgestreckten Gebirgsrückens reicht über eine Milliarde Jahre zurück, als das Erdmagma noch mit größerer Heftigkeit die Erdkruste durchbrach und lebhafter Vulkanismus die Regel war. In damaliger Zeit entstandene basaltische Felsformationen und durch spätere Erosion freigelegte tiefe Granit-Intrusionen kennzeichnen heute weite Teile der Appalachen, deren teilweise senkrecht stehende Felswände durch spätere Verwerfungen und Hebungen entstanden sind.

So entstanden schließlich die milden Konturen dieser Landschaft, deren von reichen Laubwäldern eingehüllte Hügel und Kuppen den Naturfreund heute zu jeder Jahreszeit erfreuen.

Ihm kommt dabei entgegen, daß zwei der bedeutendsten Bergketten des Südens, die Blue Ridge und die Great Smoky Mountains durch eine auf den Höhen dieser Wasserscheide sich entlangziehende Aussichtsstraße erschlossen wurde: Den 725 km langen Blue Ridge Parkway, dem sich innerhalb des Shenandoah N. P. nahtlos der einzigartig schöne Skyline Drive nördlich anschließt.

Jedem Ferientouristen, der die Zeit erübrigen kann, ist zu raten, beide National-Parks, Great Smokies und Shenandoah, über die Blue Ridge zu verbinden.

179

Früher Herbst
am »Skyline
Drive«

Theodore Roosevelt

Im westlichen Teil des Staates North Dakota liegt entlang dem Little Missouri River ein weites Ödland, welches in Form eines Erosionstales von 8 bis 48 Kilometer Breite sich ausdehnt.

Vor etwa 60 Millionen Jahren begannen viele nach Liftung der Erdkruste entstehende Wasserwege damit, erodierten Schutt aus den Rocky Mountains ostwärts zu verfrachten und in den Tiefebenen abzulagern. Während einer nachfolgend jahrhundertelangen Regenperiode mit subtropischen Temperaturen entwickelte sich eine üppige Vegetation, die später von weiteren Sedimentlagen überschichtet und zu Lignit, einer weichen Braunkohlenart komprimiert wurde. Schließlich drifteten aus den westlich davon entstandenen Vulkanen erhebliche Aschenmengen in diese Gegend und bildeten die blaue Bentonit-Lage, die heute wieder freierodiert ist.

Besonders merkwürdig erscheint eine backsteinrote Formation, hier »scoria« genannt, deren Entstehung etwa 3000 bis 6000 Jahre zurückreicht und noch heute andauert: Durch Blitzschlag verursachte Grasbrände entzündeten freiliegende Lignit-Adern, deren sich unterirdisch ausbreitende Feuer das benachbart liegende Tonsand-Material zu einem sehr verwitterungsbeständigen Gestein brannten, dessen Farbe wesentlich zum malerischen Eindruck der heutigen Talränder beiträgt.

Die Vegetation in diesem Gebiet ist allgemein recht spärlich und erschöpft sich vorwiegend in Grasland und niedrigem Buschwerk. Nur in Flußnähe gedeihen auch Bäume, denn die jährliche Regenmenge ist gering und der Boden unergiebig, wobei die Winter oft hart und die Sommer heiß sind.

Trotz dieser unwirtlichen Umstände und früherer rigoroser Jagd der Siedler im 19. Jahrhundert auf alles Lebende begegnet man heute in zunehmendem Maße wieder Rehen, Kaninchen, Bibern und Waschbären, Stachelschweinen und Kleinnagern.

Der Park hat zwei voneinander getrennt liegende Regionen, einen südlichen und einen nördlichen Teil. Er ist benannt zu Ehren von Präsident Theodore Roosevelt, der 1883 dort mit Partnern eine Ranch gründete und sich während seiner Amtszeit 1901–1909 um die Gründung vieler Naturschutzgebiete äußerst verdient machte, indem er seine persönlichen Erfahrungen und Erkenntnisse im Westen mit Nachdruck einbrachte in das öffentliche Umweltbewußtsein.

Virgin Islands

Die nördlichsten Inseln der Kleinen Antillen, nur 65 km östlich von Puerto Rico, wurden von den spanischen Eroberern Jungfern-Inseln genannt, Virgin Islands von den Amerikanern, an die der größte Teil von ihnen 1899 abgetreten wurde und deren Dominium sie seit 1952 sind.

Die kleinste der drei größeren amerikanischen Inseln und die am wenigsten bevölkerte ist St. John, welche zu fast drei Vierteln seit 1956 als National-Park unter Naturschutz steht.

Hier findet der zivilisationsmüde Naturliebhaber eine subtropische Küsten- und Unterwasserlandschaft. Infolge der abgelegenen und kostenträchtigen Situation des Inselparadieses hat sie sich seit seiner Entdeckung 1493 durch Columbus vergleichsweise ursprünglich und rein erhalten.

Verlockend sind die zahlreichen malerischen Buchten, in denen die Wellen einer glasgrünen See auf weißen Sandstränden ausrollen, üppig bewachsene Hügelreihen mit verschwiegenen Wanderpfaden. Unter einem azuren Himmel voller Sonne und stets fächelnder Brise sind idyllische Felsklippen mit herrlichen Korallenbänken und Tropenfischen für Sporttaucher, die blauen Weiten eines ergiebigen Meeres für Großfisch-Angler geradezu ideale Bedingungen.

Das Klima ist mild-tropisch. Die Temperaturen mit einem Jahresmittel von 26 °C schwanken zwischen den Jahreszeiten nur um 4 °C. Regen fällt vorwiegend in nächtlichen Schauern, insgesamt 100 cm/Jahr. Östliche Winde wehen vom Ozean und machen die Tage ausgeglichen, die Nächte angenehm. Deshalb reicht ein Minimum an Kleidung, wie auch die üppige Vegetation jeden Naturliebhaber erfreut.

Voyageurs

Im Norden des Staates Minnesota, direkt an der kanadischen Grenze, liegt ein nacheiszeitliches, stark bewaldetes Seenplattengebiet, welches infolge seiner Abgelegenheit den Reiz unberührter Weltverlorenheit erhalten hat, obwohl es einstmals bedeutungsvoll in der Geschichte des Landes war.

Ende des 17. bis Mitte des 18. Jahrhunderts wurde der Irrgarten dieser weitverzweigten Seen von den Kanus der sog. »voyageurs« (Reisende, frz.) regelmäßig befahren. Das waren jene wetterfesten Pelzhändler meist französischer Herkunft, die mit Hilfe von Indianern die Verbindung von den Pelztierjägern des fernen Nordwestens über viele Handelsposten hinweg bis zu den großen Einkaufsplätzen der damals bedeutenden Pelzverarbeitungs-Industrie herstellten.

Einer ihrer befestigten Handelsplätze lag bei International Falls, wenige Kilometer westlich der Grenzen des heutigen Naturschutzparks, der 1971 nach ihnen benannt wurde.

Das »Große Grasland« von South Dakota bei »Wind Cave«

Wind Cave

In der südwestlichen Ecke des Staates South Dakota liegt der bis 2220 m domartig aufgewölbte Mittelgebirgsstock »Black Hills«, vor rund 1 Milliarde Jahren aus magmatischem Tiefengestein, vorwiegend Granit und Glimmerschiefer, präformiert. Ein großes Binnenmeer lagerte darüber vor 325 Mill. Jahren eine Kalksedimentschicht von 100 – 200 m Mächtigkeit ab, den »Pahasapa limestone«, der später von weiterem Gesteinsmaterial überdeckt wurde. Vor schließlich 60 Mill. Jahren endete die Kreidezeit durch mehrere Hebungen der Erdkruste in diesem Gebiet. Die eingeschlossenen Kalkschichten erlitten durch Verwerfung viele Risse und Bruchspalten, so daß kohlendioxidhaltiges Regenwasser nachfolgender Jahrmillionen hindurchsickern konnte. Dabei wurden nicht nur zunächst die weitverzweigten Höhlengänge herausgewaschen, sondern auch gelöstes Calciumcarbonat in Form kristallinen Kalkspats (Calcit) in den Rissen und Bruchzonen abgelagert. Da das Kalksediment leichter wasserlöslich ist als die Calcit-Adern, wurden letztere zunehmend erhaben während der Ablösung des sie umgebenden Grundgesteins.

Daher sieht man heute eine ebenso seltene wie eindrucksvolle Form von »Tropfsteinen«, die nach Art von großen Honigwaben oder einer Kassettendecke ähnelnd (boxwork) zentimeterlang herabhängt. Ähnliche Entstehungsmechanismen liegen den recht anschaulich »popcorn« und »frostwork« genannten Kalkgebilden zugrunde, die an manchen Stellen den unwirklichen Eindruck erwecken, als seien Wände und Decken von glitzernden Eiskristallen und kleinen Schneebällen überzogen, ein wirklich märchenhafter Anblick.

Das Höhlenareal wurde 1881 entdeckt, als ein jagender Siedler ein Säuseln im Untergrund vernahm. Bald fand er Bodenspalten, aus denen ein deutlicher Wind wehte. Er entsteht nach heutigen Kenntnissen durch Druckausgleich zwischen Höhleninnerem und Außenluft, sobald sich der Luftdruck bei Wetteränderung erhöht oder erniedrigt.

Aber nicht nur die überaus interessanten Höhlenformationen und ihre innere Oberflächenstruktur sind einen Besuch der Black-Hills-Region wert, sondern auch ihre reizvolle Hügellandschaft mit grasreichen Prärien, einsamen Waldtälern und offenliegenden Rosenquarz-Adern.

In den 112 km² weiten Flächen des Parks leben auch eine Vielzahl von Säugetieren und Vögeln, vor allem die letzten großen Bisonherden der USA. Mehrere hundert Exemplare dieses größten überlebenden Landtieres Amerikas unmittelbar von der Straße aus beobachten zu können, ist ein überwältigendes Erlebnis. Daneben beleben viele Hunderte von verspielten Präriehunden vor ihren unterirdisch angelegten Höhlenstädten sowie das antilopenähnliche Pronghorn die abwechslungsreiche Szenerie.

Pronghorns (antilocapra americana) sind das typische Hufwild der weiten Prärien des Westens

Von einstmals etwa 60–80 Millionen Bisons/Buffalos (Bison bison) leben heute in versprengten Herden nur noch wenige Tausend, nunmehr unter strengem Schutz

Wie eine Kassetten-
decke muten die
irregulären Calcit-
stege an, einmalige
Stalaktitenformen
der Wind Cave

Regelmäßige Führungen durch Parkranger erklären die Phänomene

Yellowstone

Das in der nordwestlichen Ecke des Staates Wyoming liegende Naturschutzgebiet wurde bereits im Jahre 1872 begründet und damit der erste amerikanische National-Park überhaupt, zudem mit 8991 Quadratkilometer Fläche bis heute auch einer der größten. Über 3000 Geysire und heiße Quellen sowie solfatarische Vulkane, Obsidianströme, Bimsstein-Lagen, kochende Schlammkrater, Fumarolen und dampfende Seen machen das Gebiet zum ausgedehntesten und durch seine Vielgestaltigkeit lehrreichsten Anschauungsobjekt des rezenten Vulkanismus der Erde.

Sein geologischer Lebenslauf reicht mindestens bis ins frühe Tertiär, also über 60 Mill. Jahre zurück, als die Rocky Mountains weiter emporgehoben wurden und explosive vulkanische Aktivität mit Brekzien-Auswürfen und Lavaflüssen die Hochebene erschütterten, weite Flächen dichten Mischwaldes unter sich begrabend. Über 100 km² derart aufrechtstehend verschütteter und danach versteinerter Baumstämme sind heute bekannt: Kiefern, Sequoias, Kastanien, Platanen, Farne und Niederwaldarten. Über Jahrmillionen waren sie in vielen übereinandergelagerten Tuffschichten nacheinander gewachsen und von Aschen oder Laven wieder eingedeckt worden.

Während des Pleistozäns vor etwa 1 Million Jahren hob sich das Gebiet erneut, die nachfolgenden Eiszeiten schliffen die basaltischen Felsschroffen zu rundlichen Kuppen ab und aus dem Gelände schürften die Gletscher U-förmige Täler. Da die letzten vulkanischen Ereignisse mit mächtigen Lava-Effusionen nur 100 000 Jahre zurückliegen dürften, handelt es sich hier also um eine geologisch recht junge Formation. Dies erklärt auch die zahlreichen jährlich registrierten Erdbeben unterschiedlicher Intensität und Auswirkung, deren bedeutendstes in jüngerer Zeit sich erst 1959 ereignete und am Hebgen Lake, 22 km westlich des Parks, die Energie von 100 Atombomben freisetzte. Dadurch stürzten 80 Millionen Tonnen Gestein eines Berges in das Madison-Tal und schufen einen kilometerlangen Stausee, den Earthquake Lake.

Wer den Yellowstone Park von Westen her anfährt, sollte sich diese landschaftsverändernden Verwüstungen nicht entgehen lassen. Ein kleines Museum gibt Informationen und von seiner Terrasse aus einen guten Geländeüberblick.

94 m tief stürzen die tosenden Wassermassen
des Yellowstone Rivers in die zerrissene Schlucht
des farbigen »Grand Canyon of the Yellowstone«,
gesehen vom Artist Point ▶▶

Der »White
Dome Geyser«

Immer seltener: Elch (Moose-Alces alces)

Wapiti-Hirsche (Elk – Cervus canadensis)

Der »Morning Glory Pool« im Upper Geyser Basin

Der Emerald Pool im Black Sand Basin ▶

◀ Beidseits des eiskalten »Firehole River«
dampfen viele heiße Quellen und Geysire

Die malerischen Sinterterassen ▲
vom »Mammoth Hot Springs«

Kalksinter-
Formen
des Mammoth Hot
Springs-Areals

Clepsydra Geyser
im Fountain
Paint Pot ▶

Yosemite

In der Mitte Kaliforniens, dessen östlicher Bereich von der Sierra Nevada längs durchzogen wird, liegt eines der schönsten Naturgebiete des Westens. Seine reizvolle Vielgestaltigkeit und imposante Landschaftsgliederung, die sich aus seiner geologischen Entstehungs-Geschichte erklärt, läßt jährlich mehr Besucher in dieses einzigartige Refugium kommen. Von 600 m hohen lieblichen Tälern bis zu den über 3 900 m aufragenden Granitgipfeln umfaßt der am Westrand vieler Sierragipfel liegende Park fünf Wachstumszonen mit den ihnen entsprechenden Tiergemeinschaften. Allein 220 Vogelarten und 75 verschiedene Säugetiere haben ihre Heimat in diesen paradiesischen Gefilden; zahlreiche Gattungen blühender Wildblumen und Büsche in den Niederregionen ranken sich entlang glasklaren Bergflüssen, zerstäubenden Wasserfällen und Kaskaden hinauf in die saftigen Hochalmen. Auf den glatten Rundkuppen der Horizonthöhen können sich nur noch wenige wetterzerzauste Zwergkiefern halten, während die weitgeschwungenen Talhänge in artenreichem Bestand üppiger Wälder prangen.

Die ältesten nahe Yosemite gefundenen Gesteinsformationen lassen erkennen, daß die Entstehung dieser Region bis 500 Millionen Jahre zurückreicht, als Erosionsmaterial und vulkanische Auswurfsmassen sich am Boden einer flachen See ansammelten und durch hohen Druck in metamorphen Fels umkristallisierten. Mindestens dreimal während der letzten 200 Mill. Jahre drang verflüssigtes Gestein durch ältere Schichten empor bis in etwa 15 km Tiefe, um schließlich seit 100 Mill. Jahren in wiederholten gewaltigen Hebeprozessen innerhalb der Erdkruste auf heutige Höhen hinaufgepreßt zu werden. Von den Eiszeit-Gletschern des Pleistozäns wurde das aufliegende Sediment abwärts verfrachtet, die Granitklötze zu rundlichen Kuppen abgeschliffen und tiefe U-förmige Täler ausgeschürft.

Nur die höchsten Erhebungen überragten den Mahlstrom und wenige wärmere Einsenkungen blieben außerhalb der Schmelzzonen. Dadurch konnten, im Gegensatz zu Europa, solche Urbäume wie die mächtigen Sequoias bis heute überleben. Die jahrtausendealten Riesen-Mammutbäume Kaliforniens, die man in der Mariposa Grove von Yosemite bewundern kann, sind die einzigen verbliebenen Exemplare einer Gattung, die früher über alle Erdteile verbreitet war, wie überall auffindbare Versteinerungen beweisen.

940 m über das Yosemite-Tal erhebt sich El Capitan, der größte Granit-Monolith der Erde

Gelbe Eselsohren (Mules-Ears/Wyethias amplexicaulis)
und Indianer-Malpinsel (Indian paintbrush/Castilleja)

Snow Plant
(Sarcodes
sanguinea)

Blick ins Yosemite-Valley vom Merced River

Der
»Bridalveil Fall«
zerstäubt nach
189 Metern
tatsächlich
wie ein
wehender
Brautschleier

Die viele Jahrhunderte alte, berühmte Jeffrey-Kiefer auf dem 2145 m hohen
»Sentinel Dome« fiel erst vor wenigen Jahren einem harten Winter zum Opfer

Die »Cathedral Rocks« auf der Südseite
des Yosemite-Tales erheben sich in ähnlicher
Monumentalität wie der gegenüberstehende
»El Capitan«

Blick vom
Glacier Point
auf unteres
Yosemite-
Valley mit
Yosemite Fall

Upper Fall
436 m
Middle
Cascade
206 m
Lower Fall
97 m

Vom Glacier Point aus sieht man das ganze Yosemite Tal, den Half Dome sowie Vernal und Nevada Falls

Die Gletscher der letzten ▶
Eiszeiten haben tiefe Spuren
in den harten Granitfels
geschürft, seine Konturen zu
Kuppen gerundet und
Rollstein-Geschiebe hinterlassen

Zion

Im Südwesten des Staates Utah, in dem sich allein ein Siebtel aller nordamerikanischen National-Parks befindet, liegt eine Landschaft, die bereits ihre spanischen Entdecker 1776 begeisterte. Trapper und Pelzjäger kreuzten dann zunehmend die Täler, um mit den dort ansässigen Paiute-Indianern Handel zu treiben.

Nach einer Expedition unter Capt. John C. Fremont 1843/44 kamen weitere Pioniere und bald erstreckte sich die Besiedlung durch die landsuchenden frommen Mormonen bis in die südlichen Regionen Utahs. Dabei erhielten die imponierenden Rotfelsberge des jetzigen Schutzgebietes ihre biblischen Namen.

Wer heute in dieser Ecke der Staaten Nevada, Arizona, Utah reist, sollte sich den Besuch dieses beachtlichen Areals auf keinen Fall entgehen lassen.

Seine erdgeschichtliche Entstehung ist der benachbart gelegener Parks (Bryce, Capitol Reef, Canyonlands, Arches) sehr ähnlich: Seit etwa 200 Millionen Jahren wurden durch ein flaches Binnenmeer, welches wiederholt durch Erdbewegungen verdrängt wurde, über 1500 m hohe Schichten von Sand und Sediment abgelagert, von Wüstenwinden verschoben, durch Erosionen verfrachtet und unter Druck zusammengesintert. Die schließlich seit 13 Millionen Jahren wirksame allmähliche Liftung der Erdkruste in diesem Bereich ließ die in der Tiefe entstandenen Gesteinsmassen unter Verwerfung in große Felsblöcke zerbrechen und erodieren. Schnellfließende Ströme erweiterten die Spalten zu heute idyllischen Tälern, in denen das leuchtende Grün seiner saftigen Uferbäume und Blütensträucher in komplementärem Kontrast zu den senkrecht aufsteigenden dunkelroten Felswänden steht.

Zutraulich kommt die Waschbärin (Raccoon/Procyon lotor) mit ihren Kindern zum Campingplatz, um sich füttern zu lassen

Vielgestaltig sind Formen und Farben des erodierten Sedimentgesteins am Osteingang

Seite 208: Typische Sedimentformation
im östlichen Teil des Parks

Seite 209: »Great White Throne« nannten
die frühen Mormonen-Siedler diesen herrlichen Felsklotz aus Navajo-Sandstein,
der sich 2056 Meter hoch auftürmt

Seite 211: Die »Checkerboard-Mesa« hat
ihren Namen von dem schachbrettartigen
Muster, welches aus Sediment-Querrinnen
und abwärts führenden Erosionsfurchen
sich in Jahrhunderttausenden bildete

Der Canyon Overlook oberhalb des Osteingang-Tunnels

Die Rotsandsteinfelsen der »Patriarchs« ▶

Alaska

Alaska ist der nördlichste Staat der USA und mit über 1,5 Millionen Quadratkilometern rund ein Fünftel so groß wie die restlichen Staaten dieser Nation zusammen.

Als es 1867 von Rußland für 7,2 Millionen Dollar an die Vereinigten Staaten verkauft wurde, was man seinerzeit in Anbetracht seiner polaren Öde und scheinbaren Nutzlosigkeit in Amerika als politische Narrheit einstufte, konnte noch kaum jemand voraussehen, welche unermeßliche Bedeutung in bezug auf seine überreichen Bodenschätze, ergiebigen Fischfanggebiete und vor allem geopolitisch-strategische Wertigkeit Alaska schon bald gewinnen würde.

Erst 1959 wurde es als 49. Staat in die Union aufgenommen, nachdem bereits während des 2. Weltkrieges innerhalb eines halben Jahres der berühmt-berüchtigte Alaska Highway, mit 2440 km von Dawson Creek, Kanada, nach Fairbanks erbaut worden war, eine pioniertechnische Glanzleistung in jener Zeit. Er wird unter stetig notwendigem Aufwand ganzjährig offengehalten und ist als einzige Landverbindung zwischen Alaska und den übrigen 48 zusammenhängigen Staaten längst zur Hauptschlagader geworden.

Der Name Alaska leitet sich ab aus der Bezeichnung Alyeschka – Das Große Land – seiner Ureinwohner.

Von der Topographie und den klimatischen Bedingungen her stellt dieses unermeßlich scheinende Land praktisch einen Subkontinent dar, dessen abgelegene Ausgedehntheit einerseits das Gefühl großartig unberührter Einsamkeit vermittelt, zum anderen jedoch auch mit der Verlorenheit gegenüber rauhen Naturgewalten konfrontiert, so daß dort jeglicher Tourismus, sobald man sich nur ein wenig von den spärlich verstreuten und oft provisorisch anmutenden Siedlungsgebieten entfernt, schnell den Charakter eines echten Abenteuers annimmt.

Schon die Absicht, Alaska zu erreichen, wirft Probleme auf, die wohl bedacht werden sollten, weil sich unmittelbar daran die Frage knüpft, auf welche Weise man sich dann weiterbewegen will und welche Ziele überhaupt abgesteckt werden sollten oder können.

Wer es eilig hat, wird wohl in aller Regel das Flugzeug bevorzugen müssen. Von vielen Linien wird Anchorage, Fairbanks oder die Hauptstadt Juneau angeflogen, wie von diesen aus auch zahlreiche kleinere Städte oder Siedlungen.

Kreuzfahrtschiffe besuchen die südöstlichen Regionen durch die sogenannte Innere Passage, während das staatliche Fährensystem, Alaska Marine Highway bezeichnet, Passagiere und Fahrzeuge zwischen den Hafenplätzen des Südostens und der zentralen Südregion befördert.

Die einzige durchgehende Landverbindung stellt noch immer der Alaska Highway (s. o.) dar, dessen Schlaglöcher und Waschbrett-Oberfläche ebenso gefürchtet sind, wie seine vom Lastwagenverkehr ständig aufgewirbelten Staubwolken bei Trockenheit, oder sein unbeschreiblicher Schlamm-Morast bei Regenzeiten. Kein Wunder, wenn solche Bedingungen zur Folge haben, daß der Straßenrand gesäumt ist von

Automobilwracks vergangener Jahrzehnte, und auch Leihwagenfirmen einen beträchtlichen Sonderzuschlag verlangen, falls die Absicht besteht, den »Alcan« zu bewältigen.

Man tut gut daran, für die Einwegtour unter durchschnittlichen Verhältnissen mindestens 5 – 7 Tage zu veranschlagen, wie auch die wichtigsten Ersatzteile und mindestens ein Paar Zusatzreifen mitzuführen. Die geringste Folge ist ein notwendig gewordener Ersatz aller Stoßdämpfer. Aber überwundene Schwierigkeiten waren ja schon immer das Salz jeglicher Abenteuer.

Nach diesen eher bedenklich stimmen könnenden Vorbemerkungen wird sich wohl mancher fragen, wie lohnend solche Aufwendungen wirklich sind und was Alaska dem wissensdurstigen Naturfreund überhaupt vergleichsweise bieten kann. Die Antwort ist einfach: Vergleiche zu Alaska gibt es nicht. Dieser vielgesichtige Subkontinent steht in jeder Hinsicht für sich selbst. Man muß ihn erlebt haben.

Daß dies keine leichtherzig gegebene Aufforderung mit nur unzulänglicher Entsprechung bleiben muß, dafür garantieren die seit 1910 ständig intensivierten Bemühungen des National Parks Service des Innenministeriums der Vereinigten Staaten. Nicht nur wurden fast 18 Millionen Hektar Land den Eingeborenen (Eskimos und Aleutern) allein zugesprochen, durch Gesetze vor anderweitigem Zugriff geschützt und 962 Millionen Dollar in deren Siedlungen, Ausbildungsstätten und Reservate investiert, sondern bereits 1917 wurde damit begonnen, fast unermeßlich weite Landschaftsareale durch Erklärung zu National-Parks oder National Monuments unter bedingungslosen Naturschutz zu stellen. Nachdem zuletzt über neun Jahre Erkundung, Forschung und Entwicklungsarbeiten vorausgegangen waren, erließ der Kongreß in Washington 1978 den »Alaska National Interest Lands Conservation Act« (P.L. 96–487), der zehn neue Naturschutzgebiete schuf, den Mt. McKinley N. P. in Denali N. P. umbenannte, und die Areale Glacier Bay, Katmai erweiterte und zum National-Park erhob, so daß heute in Alaska insgesamt mehr als 20 Millionen Hektar oder 13 Prozent seiner Gesamtfläche unter striktem Naturschutz gestellt sind.

Die neuen Reservate unterliegen jedoch, soweit sie als »Preserve« gekennzeichnet sind, einer für Alaska allein charakteristischen Regel. In Entsprechung seiner bisherigen Bestände und traditionellen Beziehungen zwischen Wildtieren, Fischen und Bewuchsarten gestattet das Gesetz die weitere landesübliche Fortführung der lebenserhaltenden Jagd- und Nutzungsbräuche für die alteingesessenen Urbewohner Alaskas, womit Konflikte, wie sie in den vergangenen Jahrhunderten durch die Vertreibung der Indianer entstehen mußten, hier von vorneherein ausgeschlossen wurden.

Jede der neuen Park-Einheiten bringt Charakteristika in das Gesamtsystem ein, die bisher in den National-Parks noch nicht vertreten waren. Je weiter nördlich sie liegen, um so spärlicher ist die Vegetation und um so größer mußte das schutzwürdige Areal bemessen werden, um die darin lebenden Tiere zu erhalten, denn in arktischen Breiten braucht z. B. ein Grizzly-Bär etwa 160 Quadratkilometer, um sich ausreichend ernähren zu können.

Für wissenschaftliche Forschung, zur Erbauung des Menschen und als Abenteuergebiet für diese und spätere Generationen umfassen solche weiten Lande und Wasserwege ganz einzigartige natürliche und kulturelle Quellen, die der Öffentlichkeit verfügbar gemacht wurden, um sie forterbend zu erhalten.

Denali

In der nordwestlichsten Ecke des nordamerikanischen Kontinents liegt dessen höchste Erhebung, der zweigipfelige Mount McKinley. Seine 6194 m hohe gewaltige Schneekrone erhebt sich fast 4800 m über die umgebende Landschaft und steigt dabei weit steiler von seiner Basis an als der Himalaja.

Der Mount McKinley ist Teil des Alaska Range Gebirgsmassivs, welches als 960 km langer gebogener Rücken das südliche Alaska in die Niederungen um Anchorage und das höhere Landesinnere im Norden teilt. Obwohl die meisten Erhebungen dieser Bergkette nur halb so hoch sind wie ihr bedeutendster Gipfel, bilden sie eine wirksame Wasserscheide zwischen Flußsystemen, die westlich zur Bering-See und südlich in den Golf von Alaska führen.

Die Geologie dieser Region ist gekennzeichnet von der Zugehörigkeit zur Denali-Bruchspalte der Erdkruste, die in 2100 km Länge, der größten Nordamerikas, quer durch ganz Alaska verläuft und ältestes Gesteinsmaterial von jungen vulkanischen Formationen trennt.

Trotz der hohen nördlichen Lage nahe dem Polarkreis waren große Teile Alaskas nie von den riesigen Gletschermassen bedeckt, die sich nach der letzten Eiszeit vor 10 – 14 000 Jahren zurückzogen, nachdem sie den größten Teil der nördlichen Halbkugel bedeckt hatten.

Das Naturschutzgebiet, welches 1980 in »Denali National Park and Preserve« umbenannt wurde, liegt an der Nordgrenze dieser Eiszeit, so daß man von seiner Hauptstraße aus zahlreiche Gletscher aus den hochalpinen Regionen des Gebirgsstockes herabreichen sieht. Die Zunge des 56 km langen Muldrow-Gletschers endet nur 1 km vor der Parkstraße, wo sie sich in einen der zahllosen geröllführenden Schmelzwasserströme auflöst, dessen polternd-rauschende Kaskaden weithin zu hören sind.

Schon die Athabasca-Ureinwohner nannten den massiven Gipfel Denali – »den Hohen«.

Tundra im Herbst

Mt. McKinley,
höchster Berg
Nordamerikas,
dessen Südgipfel
(links) 6194 m
aufragt,
der Nordgipfel
(rechts) 5934 m

Gates of the Arctic

Dieses erst 1980 als National-Park and Preserve gegründete Naturschutzgebiet liegt in Gänze nördlich des Polarkreises. Es umfaßt wesentliche Teile der malerischen Central Brooks Range, des nördlichsten Ausläufers der Rocky Mountains. Die Gesamtheit von Park und Preserve sind viermal so groß wie der Yellowstone N.P. und wird von Kennern als das letzte und unvergleichlichste Naturrefugium Nordamerikas bezeichnet, welches schon 1930 von dem berühmten Polarforscher Robert Marshall als höchsten Ausdruck nordischer Schönheit ins Herz geschlossen wurde.

Trotz seiner kälteexponierten Lage umfaßt der Park nicht nur schroff zerklüftete Felsgebirge und Eisgründe, sondern auch malerische Täler, ausgedehnte Tundren, wilde Flüsse und zahllose Seen.

Der am weitesten nördlich liegende Teil verliert sich in die Polarwüste, in der Niederschläge so gering und selten sind wie in den trockensten Gebieten der Erde, während seine südlichen Regionen übergehen in die kargen Waldwuchsformen des inneren Alaska.

Caribous, an solch dürftige Nahrungsareale noch eben angepaßt, wie die vorwiegend vom Fischen und den spärlichen Beeren des dünnen Tundrabodens sich ernährenden Grizzly-Bären, sind die Hauptvertreter einer artenarmen Tierwelt, die hier noch überleben können.

Von ihnen wieder leben die traditionell dort noch ausharrenden wenigen Menschen: Das Athabasca-Volk der Spruce-Taiga-Wälder und die Nunamiut-Eskimos, die in den Hochtälern vorwiegend auf Caribous jagen.

Glacier Bay

Als der berühmte Seefahrer und Entdecker Kapitän George Vancouver im Jahre 1794 die Nordwestküste Amerikas durchkreuzte, fand er eine Passage zwischen dem Festland und der vorgelagerten Chichagof-Insel, die für sein Schiff fast undurchgängig verstopft war mit riesigen Eisbergen und Schollen, die »Icy Street«. Die benachbart liegende Fjordbucht endete nordwärts schon nach wenigen Meilen an einem steilwandig ins Meer abfallenden, stark zerklüfteten Gletscher. Es war klar, daß derselbe die enormen Eismassen ins Meer kalbte.

Die Erkundung des Gebietes wenig später brachte die Erkenntnis, daß der Gletscher bis 32 km breit, mehr als 160 km lang war und seinen Ursprung in den Gebirgsstökken der St. Elias Range hatte.

Bereits gut hundert Jahre später jedoch konnte der große Naturforscher John Muir feststellen, daß sich der Gletscherabbruch ins Meer um 77 km landeinwärts zurückgezogen hatte, und 1916 war dieser Prozeß des »Grand Pacific Glacier« bis zum Tarr Inlet weiter fortgeschritten, rund 105 km von der Glacier-Bay-Mündung entfernt.

Ein solch rapider Gletscherrückzug war bisher noch nirgends sonst beobachtet worden, und die Wissenschaftler haben trotz aller Studien und weltweiten Zusammenarbeit bis heute keine gültige Erklärung für die wahrscheinlich vielfältig zusammenwirkenden Ursachen des Gletscherschwundes, der seit Jahrhunderten überall auf der Erde zu verzeichnen ist.

Global betrachtet, ist dieses Phänomen ebenso erstaunlich wie besorgniserregend. Das Polareis und die Gletscher unseres Planeten speichern insgesamt mehr Wasser, als alle Seen, Flüsse, das Grundwasser und die Atmosphäre zusammengenommen. Zehn Prozent der Erdoberfläche liegen heute unter Eis. Alaska wird zu vier Prozent davon bedeckt, Grönlands und die antarktische Eiskappe sind durchschnittlich 3,2 km dick. Würden diese unvorstellbaren Eismengen abschmelzen, so stiege der Meeresspiegel hoch genug, um die Hälfte aller Städte der Erde im Wasser versinken zu lassen.

Normalerweise bringen die Schneefälle auf Gletscherregionen nach deren Zusammensinterung soviel Eis zur Entstehung, wie durch Abtauen, Verdunstung und Abbrüche an der Gletscherzunge wieder verlorengeht.

In Glacier Bay N.P. kommt hierzu eine weitere wirkungsvolle Komponente, die Kraft der Meeresgezeiten, welche an den bis ins Wasser reichenden Eiswänden unterminierende Schmelzprozesse verursacht, die das »Kalben« der 16 Gletscher des Parks stetig forciert.

Bei einer täglichen Fließgeschwindigkeit derselben von etwa ein bis zwei Metern, sowie Abbruchhöhen von ca. 60 Metern, ist es verständlich, daß fast ständig riesige Eisberge in die Gewässer der Bay stürzen. Dieser Vorgang ist nicht nur ein beeindruckendes Naturphänomen, sondern auch von solcher Gewalt, daß es z. B. beim John Hopkins Glacier unmöglich ist, sich dem faszinierenden Schauspiel mehr als auf 3 Kilometer zu nähern, ohne sich durch die enormen Wellen zu gefährden.

Katmai

Der Katmai N.P. liegt auf einer sichelförmigen Landzunge, die sich im Südwesten Alaskas in den Pazifik hinaus erstreckt, ostwärts den Golf von Alaska bildend und westlich in die zahllosen Inseln und Inselchen der Aleuten übergehend. Schon 2400 v. Chr. muß das Gebiet besiedelt gewesen sein und die Ausgrabungen der letzten Jahrzehnte von Iglus aus Holz und Gras-Soden beweisen Eskimo-Siedlungen noch für die Zeit um 1200 n. Chr. Sie waren vorwiegend dort angelegt, wo sich gute Gelegenheit zum Jagen wie auch Fischen ergab.

Ein bevorzugter Pfad verband Katmai Village an der Pazifikküste mit den Dörfern Savonosk und Nakek im Bristol-Bay-Gebiet. Dieser Weg wurde später auch von den russischen Jägern und Missionaren benützt, ab 1750 dann schon von amerikanischen Forschungsreisenden.

Im Juni 1912 wurde dieses riesige Gebiet jedoch in kürzester Zeit grundlegend verändert. Eine Serie von schwersten Erdbeben kündigte etwa eine Woche lang vulkanische Aktivitäten an. Als der Mount Katmai in einer ungeheuren Serie von Explosionen ausbrach, verwüsteten die eruptierten Massen von Asche, glühendem Bimsstein, Tephra und Gesteinsblöcken ein über 100 Quadratkilometer großes Gebiet derart, daß das Auswurfsmaterial die früher grünende Landschaft bis zu 200 Metern Höhe überlagerte. Spätere Nachrechnungen ergaben ein Gesamtvolumen von 12 Kubikkilometer, was etwa der Größe eines Würfels aus Erde von 3,5 Kilometer Kantenlänge entspricht. Im Vergleich dazu eruptierte der 1980 weite Landstriche verwüstende Mount St. Helens in der nördlichen Cascade Range des Staates Washington »nur« einen Kubikkilometer.

Heute hat sich auf der Innenseite des 2047 Meter hohen Vulkans durch Insichzusammenstürzen des Gipfels eine riesige Caldera gebildet, »Crater Lake« genannt. In den folgenden Jahren ging die vulkanische Aktivität des »Novarupta«-Berges stark zurück, so daß er heute als »schlafender« Vulkan angesehen werden kann, oder, geologisch ausgedrückt, als im Solfatarenstadium befindlich. Wegen der zahllosen heißen Fumarolen blieb die Katmai-Region bis 1915 praktisch völlig verlassen.

Eine Expedition der »National Geographical Society« benannte das Gebiet schließlich »Valley of Ten Thousand Smokes«.

Aber ein dauernder Erfolg kann dieser Entwicklung kaum in Aussicht gestellt werden, denn obgleich die meisten der dortigen Vulkane, von denen 10 größere Ausbrüche innerhalb der letzten 7000 Jahre bekannt sind, im Augenblick als im Ruhezustand befindlich angesehen werden, hat doch allein der Mount Trident in jüngster Zeit drei Ausbrüche geliefert, zuletzt erst 1969. Es muß daher jederzeit mit erneuter todbringender Eruptionstätigkeit in diesem Gebiet gerechnet werden. Die Landschaft ist hier dynamisch wie an wenigen anderen Stellen der Erde.

Katmai N.P., Mount Griggs

Kenai Fjords

Dieser National-Park, etwa 35 km südwestlich von Seward gelegen, umfaßt hauptsächlich eine der vier größten Eiskappen der Vereinigten Staaten, das »Harding Icefield«. Dessen 1800 Quadratkilometer weite Eiswüste ist wahrscheinlich noch ein Überrest der Eismassen des Pleistozäns vor rund einer Million Jahren.

Von ihm aus gehen noch heute 34 größere Gletscherarme in alle Himmelsrichtungen aus und enden, meist unter Ausschürfung U-förmiger Täler nahe dem Pazifik, oder brechen in dessen Gezeitenbrandung hinein ab.

Die Küstenlinie ist daher gekennzeichnet von zahlreichen malerischen Fjordlandschaften, aber auch von unzähligen größeren und kleineren Inseln, die als augenblickliche Überreste eines Vorgebirges anzusehen sind, welches unter den Kräften der nordpazifischen tektonischen Platte in der See untertaucht, fast unmerklich langsam, aber meßbar deutlich und stetig fortschreitend.

223

An den Küstenregionen, die infolge ihrer unterschiedlichen geographischen Orientiertheit ebenso verschiedene Mikroklimas haben, entstanden viele typische Regenwaldgebiete mit großem Artenreichtum an Bewuchs und tierischer Besiedlung. Allein Zehntausende von Vögeln haben hier ihre ökologische Nische gefunden oder bevorzugen das urtümliche Gebiet als sichere Brut- und Niststätte.

Insbesondere die von den Eismassen der Gletscher früherer Eiszeiten glattgeschliffenen Granitfelsen der Landzungen, wie auch die vorgelagerten Inselchen sind ein beliebter Aufenthaltsort für die etwa viertausend Seelöwen dieser Küstengewässer. Aber auch 22 andere Seetier-Arten wurden hier beobachtet, darunter Wale, Meeresschildkröten, Delphine, Seehunde und Seeotter.

Kobuk Valley

Weit im Nordwesten Alaskas und in seiner gesamten Ausdehnung von fast 700 000 Hektar jenseits des Polarkreises gelegen, erstreckt sich dieses Reservat vorwiegend um das mittlere Kobuk River Valley. Hier enden die nördlichsten Ausläufer polarnaher Waldareale, weite Tundra-Steppen treten an deren Stelle. Trotzdem ist die Flora noch ausreichend für ein erstaunlich anpassungsfähiges Tierleben: Caribou-Herden wandern während der Jahreszeiten zwischen bestgeeigneten Weidegründen, Grizzlys und Schwarzbären, Wölfe und Füchse, Elche und viele Wasservögel finden ihr Auskommen in einer Vegetation, die unter klimatischen Bedingungen sich erhält, die für das späte Pleistozän vor einigen Jahrhunderttausenden typisch war: Kalt und trocken.

Archäologische Funde von Einzigartigkeit lassen erkennen, daß der Mensch bereits vor ca. 12 500 Jahren hier gelebt hat. Wir befinden uns in dem Bereich, von dem aus wahrscheinlich die ersten Einwanderer über die Behringstraße und entlang der Aleuten zunächst nach Alaska infiltrierend, später immer weiter südwärts vordringend, den gesamten nordamerikanischen Kontinent, schließlich sogar nach Südamerika bis Feuerland weiterziehend, seit 10 000 bis 30 000 Jahren v. Chr. zunehmend besiedelt haben.

Das erstaunlichste natürliche Einzelphänomen dieses Parks sind die 40 Quadratkilometer weiten »Great Kobuk Sand Dunes«, die größte arktische Wanderdünen-Landschaft der Erde, mit Höhen bis 30 Metern und Sommertemperaturen, die unglaubliche 40° C erreichen können.

Die heute noch im Bereich und Umfeld des Schutzgebietes lebenden Eskimo-Stämme ernähren sich vorwiegend von der Jagd auf die zahlenstarken Caribou-Herden sowie vom Fischfang seiner Flüsse Kobuk River und Salmon Wild River, die mit Kanus und Kajaks gleichermaßen gut zu befahren sind.

224

Lake Clark

An der Westseite des Cook Inlet, der bei Anchorage endet, liegt das großartig vielgestaltige Gebirgsareal des Lake Clark N. P. and Preserve. Hier treffen die steilgezackten Berggipfel der östlichen Aleuten mit denen der Alaska Range, einem Seitengebirge der Rocky Mountains, zusammen und bilden eine bizarre Landschaft unzählbarer Felsschrofen, Eiszacken, Gletscherfelder und sogar zweier über 3000 m hoher aktiver Vulkane.

Zentrum dieser hochalpinen Szenerie von Feuer und Eis sind die Chigmit Mountains, die man oft Alaskas Alpen genannt hat. Auf ihrer Ostseite fallen sie in dramatischer Steilheit gegen das Meer ab und ihre gletschergeborenen Flüsse springen in wilden Kaskaden über die rauhen Felsformationen, durch dichter werdende Nadelholzwälder den Küstenkliffs entgegen, deren Gestein Fossilien von vor 150 Millionen Jahren enthält. In Marschen und ausgewaschenen Tiefebenen leben beachtliche Populationen von Schwänen und vielerlei Seevögeln, in den zerklüfteten Meeresbuchten zahlreiche Seelöwen, Seehunde und vor der Küste ziehen die Wale durch die planktonreichen Strömungen.

Die Westseite der Chigmit Mountains senkt sich allmählicher über gletschergeschürfte Hochtäler hinab, zu weitläufigen Waldgebieten, Tundren und Seenplatten. Wildbäche und fischreiche Flüsse eilen in südwestlicher Richtung der Bristol Bay entgegen. Das artenreiche Tierleben dieser freundlicheren Seite des Parks umfaßt Karibu-Herden, weiße Dall-Schafe mit ihrem kraftvoll geschwungenem Ramm-Gehörn, Schwarzbären und Alaska-Braunbären, Wölfe, Füchse und Luchse, aber auch viele andere Kleinsäuger.

Der größte aller seit den letzten Eiszeiten entstandene See ist der im Südwesten des Parks landschaftsbestimmende Lake Clark, mit seinen 40 Kilometern Länge eines der größten Laichgebiete für Lachse.

Ein Reservat mit vielen Gesichtern ist dieser Naturpark, ideal vor allem für Individualisten und auf allen Komfort bewußt verzichtenden Naturphilosophen.

Seite 226/227: Im Wrangell-St. Elias N.P.
Eisgipfel und Gletscher soweit das Auge reicht

Wrangell - Saint Elias

In diesem Hochgebirgspark, der sich unmittelbar an Canadas Kluane N. P. nördlich anschließt, konvergieren die Chugach-, Wrangell- und Saint Elias-Gebirgszüge und bilden ein vielgipfeliges Massiv, welches oft „Das Königreich der Berge Nordamerikas" genannt wird.

Dieser größte aller National-Parks liegt nur eine Tagesfahrt östlich von Anchorage und umfaßt die höchste Anzahl von Gipfeln über 5000 Metern in Amerika und die meisten und ausgedehntesten Gletscher. Allein der Malaspina-Gletscher ist mit 3500 Quadratkilometern der zweitgrößte der Erde und übertrifft mit seiner Fläche den Staat Rhode Island. Auch der zweithöchste Berg der USA erhebt sich hier: Der Mount Saint Elias, mit 5488 Metern.

Ansonsten ist der Park gekennzeichnet von alpinen Landschaften verschiedenster Art, von einsamen Hochtälern über wilde Flüsse und stille Bergseen bis hinab zu den zerklüfteten Küstenregionen des Golfs von Alaska.

Anfahrt und Zugang zu den Parks

Acadia

Von Ellsworth, südöstlich Bangor mit Flughafen, führt die US 1 und ME 3 nach Bar Harbor auf die Hauptinsel Mount Desert Island. Auf dem Wege nach dort befindet sich das Besucher-Zentrum (Visitor Center) und National-Park-Hauptquartier (Headquarters) mit allen Informationsmöglichkeiten über die Eigenschaften des Reservats, Fahrtrouten, Wanderwege, Bootsfahrten, Führungen, Vorträge, Picknickstätten und Campingplätze. Zwei offizielle Campgrounds stehen neben vielen privaten in den umliegenden Dörfern zur Verfügung. Sie liegen beide in hübsch bewaldeter Umgebung und sind mit allen Einrichtungen ausgestattet. Unweit davon kann man sowohl in Süßwasserseen wie auch im Ozean baden.

Der Blackwoods Campground, ca. 8 km südlich von Bar Harbor an der ME 3, ist ganzjährig geöffnet und hat 325 Stellplätze (sites). Der Seawall Campground, etwa 3 km südlich von Southwest Harbor an der ME 102 A gelegen, bietet bei gleicher Einrichtung 218 sites, ist jedoch nur vom 15. Mai bis 15. Oktober offen. Reservierung ist in der Zeit vom 15. 6. – 15. 9. nur in Blackwoods möglich und sehr zu empfehlen, da die Plätze meist schon am späten Vormittag belegt sind.

In allen National Park Campgrounds und anderen staatlich verwalteten Campingplätzen darf nur jeweils innerhalb der dafür vorgesehenen Stellplätze (sites) geparkt und gezeltet werden. Dieselben werden, meist am Eingang oder im Selbstregistrierungs-Verfahren, unter dem Motto »first-come-first-served« vergeben, d. h. wer zuerst ankommt, bekommt zuerst. Außerhalb der offiziellen Campingplätze ist Campen in allen National-Parks nicht erlaubt, um die Tier- und Pflanzenwelt der Reservate zu schützen.

Hotels, Motels, Logis (Lodges), Einkaufsstätten, Post, Wäschereien u. a. gibt es nur außerhalb des Parks in Bar Harbor und Southwest Harbor (ebenso tägliche Busverbindungen, Fluglinienanschlüsse, Bootsvermietungen, Leihfahrräder, Pferdewagen und Reitpferde). Für Schoodic Island gilt das Gleiche bezüglich der naheliegenden Orte Winter Harbor und Birch Harbor.

Adresse: ACADIA N.P., Route 1, Box 1, Bar Harbor, ME 04609

Arches

Der Naturpark liegt im Südosten des Staates Utah, mitten im »Rotfels-Land« (red rock country). Für eine kurze Strecke wird seine südliche Grenze vom Colorado-River gebildet, über den etwa 3 km nördlich des Städtchens Moab, Utah, eine Brücke des US Highway 163/191 führt. Wenige Kilometer weiter in gleicher Richtung zweigt rechter Hand die Zufahrt zum Visitor Center und Park-Eingang ab, von wo aus man in weitschwingenden und aussichtsreichen Serpentinen zum Parkareal auffahren kann.

Wer sich dem Park von Norden her, etwa über die Interstate 70 – US 191 nähert, sollte nicht versäumen, etwa 20 km nördlich von Moab auf die UT 313 einzubiegen, die zum Nordteil von Canyonlands N.P. und dem Dead Horse Point S.P. im Islands in the Sky-Areal führt.

Adresse: ARCHES N.P. 446 S.Main St., Moab, UT 84717

Badlands

Im Südwesten des Staates South Dakota, östlich der Stadt Rapid City, verläuft die Interstate 90 in west-östlicher Richtung. Von dieser Autobahn zweigt 1,5 km vor der Ortschaft Wall eine 63 km lange Straße, die US 16 Alt in südlicher Richtung ab, auf der man, in fortwährender Aussichtsposition fahrend, durch das ganze Badlands National Monument bis zum Visitor Center und Campground gelangt, um über den Nordost-Eingang auf die I-90 zurückzukommen.

In den 75 km vom nordwestlichen »Pinnacles«-Eingang entfernten Ort Rapid City findet man Motels, Cafeterias, kommerzielle Campingplätze und Trailer Parks, alle Einkaufsmöglichkeiten, Tankstellen und Auto-Service.

Von Rapid-City ist über die Staatsstraße 40 auch eine Zufahrt von 74 km möglich zum »Sheep Mountain Table«, dem südwestlichsten Teil des Naturreservates, von wo aus man über Wounded Knee auf die US 18 weitergelangen kann.

Adresse: BADLANDS N.P., P.O. Box 6, Interior, SD 57750

Big Bend

Infolge der relativen Abgelegenheit dieses Naturschutzgebietes sind die Entfernungen zu ihm entsprechend groß. Von San Antonio, Texas, im Osten, sind es 660 km, von El Paso im Nordwesten noch 480 km. Beide Großstädte haben jedoch enge Flugverbindungen innerhalb des kontinentalen Streckennetzes. Auch die nordöstlich des Parkes gelegenen Städte Odessa und San Angelo verfügen über Flughäfen.

Günstige Straßenzufahrt besteht von der sich nördlich von Big Bend in westöstlicher Richtung ziehenden Interstate 10, von der aus man im Westen bei Van Horn abzweigend über Marfa – Marathon – Presidio auf wildromantischer Straßenführung entlang dem Rio Grande zum Westeingang »Study Butte« kommen kann. Wer aus östlicher Richtung anfährt, wird entweder bei Sheffield die I-10 verlassen, um über die TX 349 Dryden, weiter über die US 90 Sanderson – Marathon zu erreichen. Besser wäre es vielleicht, bis Fort Stockton auf der I-10 zu bleiben, um von dort auf der US 385 südlich direkt über den Nordeingang »Persimmon Gap« bis zur »Panther Junction« zu gelangen, dem Sitz des Park-Hauptquartiers und Besucher-Zentrums, die beide ganzjährig geöffnet sind.

Adresse: BIG BEND N.P., Big Bend N.P., TX 79834

Biscayne

Die hauptsächlichen Zufahrtswege sind »Florida's Turnpike« und die US 1; der kürzeste Weg zur »Convoy Point Information Station« ist der North Canal Drive (SW 328 Street). Die US 1 kreuzt North Canal in Homestead. Fährt man den »Florida's Turnpike« südlich weiter, kann man North Canal erreichen über die Tallahassee Road (SW 137 Avenue). Das Ziel ist in jedem Fall Convoy Point.

Der übrige Hauptteil des Parks ist nur per Boot zugänglich. Dafür bestehen zahlreiche Rampen für Privat- sowie Leihboote. Der

Konzessionär unternimmt Bootsfahrten zu den »Keys« und Touren für Schnorcheltaucher von Convoy Point aus.
Die Information-Station verfügt über ein kleines Museum, Toiletten und Waschräume, Picknickplätze mit Feuerstellen zum Grillen, Tische und Bänke, sowie Aushang über aktuell vorgesehene Aktivitäten. Sie ist von 8.00 Uhr bis 16.30 Uhr geöffnet.

Adresse: BISCAYNE N.P., P.O. Box 1369, Homestead,
FL 33030

Bryce Canyon

Im Südwesten Utahs gelegen, erreicht man den Park leicht von der westlich davon liegenden US 89. Von Bryce Junction, etwa 11 km südlich von Panguitch, sind es auf der UT 12 nur noch 19 km abwechslungsreiche Straße bis zum Parkeingang, während von Osten her von Escalante über Tropic nur zweitklassige Straßen zuführen.

Adresse: BRYCE CANYON N.P., Bryce Canyon, UT 84717

Canyonlands

Der Park kann nur von Osten her ab der US 163/191 erreicht werden und hat zwei Hauptzufahrtswege. Die nächstgelegenen Städte sind Moab, von wo aus man nach 46 km zu dem nördlichen Bereich »Islands In The Sky« und auf einem lohnenden Abstecher zu »Dead Horse Point State Park« gelangen kann, sowie die Ortschaft Monticello, welche 80 km südöstlich des Bereiches »Needles« liegt, dessen Zufahrt, die UT 211, bei »Church Rock« westlich abzweigt. Eine weitere sehr interessante Straße führt auf etwa halber Strecke zwischen Moab und Monticello westlich zum Needles Overlook mit einfachem, aber einzigartig gelegenem Campingplatz.

Die Zufahrtsstraßen sind befestigt und bequem befahrbar, im Park selbst jedoch sind alle Verbindungen nur geschottert, bei Trockenheit also staubig, nach Gewitterregen z. T. auch schmierig und mit Vorsicht zu befahren, in jedem Falle also zeitaufwendig.

Beide Städte, von denen sich Moab wegen seiner Größe und gleichzeitigen Nähe zum unmittelbar nördlich davon gelegenen Arches National Park mehr anbietet, haben sowohl eine Anzahl guter Motels und Trailer Parks wie auch Einkaufsmöglichkeiten für Dinge des täglichen Bedarfs und Annehmlichkeiten, wie Restaurants, Snack Bars, Wäschereien, Postamt, Telefone usw. Dies zu wissen ist recht wichtig, weil innerhalb des Parks außer einfachen Campingplätzen, z. T. ohne Wasser und nur mit vierradangetriebenen Fahrzeugen, die man im Resort am Eingang leihen kann, erreichbar, keinerlei Unterkunft oder Versorgung verfügbar ist.

Ein Besucherzentrum besteht noch nicht, lediglich an den Zufahrten kleine Ranger-Stationen, wo man alles gewünschte Informationsmaterial erhält, die übliche Parkbeschreibung in Form eines Faltblattes mit Karte sowie Wanderweg- und Jeep-trail-Blätter, natürlich gratis. In der Sommersaison werden auch Abendprogramme durchgeführt, deren Thema und Zeitpunkt jeweils dort angeschlagen sind.

Adresse: CANYONLANDS N.P., 446 S. Main St., Moab,
UT 84532

Capitol Reef

Die einzige Straße zum Capitol Reef N. P. ist die UT 24, auf der man von Nordwesten her über Richfield nach 127 km, oder aus nordöstlicher Richtung über Green River nach 153 km zum Visitor Center gelangen kann. Von beiden Städten mit Flughäfen besteht Busverbindung, auch Leihwagen sind erhältlich. Im Sommer kann zusätzlich die UT 54, fast gänzlich befestigt, und die UT 117 von Bryce Canyon N. P. her benützt werden. Eine weitere landschaftlich eindrucksvolle, wenn auch teilweise abenteuerliche Route quer durch karges Hinterland, führt von der UT 12 über Escalante und Boulder entlang einsamen Höhen durch spätgrünende Espenwälder, mitten über die trostlose Felseneinöde »Hells Backbone«.

Nach (sehr seltenen) Gewittergüssen im Hochsommer empfiehlt sich vorherige lokale Anfrage über den Straßenzustand der UT 12, die bei Torrey, unmittelbar westlich der Parkgrenze, in die UT 24 einmündet.

Wer von Südosten anreist, ist gut beraten, die neue UT 95, den »Bicentennial Highway« zu benützen, der zudem das »Natural Bridges National Monument« berührt, eine großartige Natur-Sehenswürdigkeit, später bei »Hite Crossing« den hier schon eindrucksvoll breiten Colorado-River überschreitet und schließlich bei Hanksville in die UT 24 West führt, die nach 32 km entlang dem malerischen Fremont-River und durch faszinierende Erosionsformationen die östliche Parkgrenze erreicht.

Adresse: CAPITOL REEF N.P., Torrey, UT 84775

Carlsbad Caverns

Die dem Höhlengebiet nächsten Städte sind Carlsbad, N. M. und El Paso, TX, die miteinander durch die US 62-180 verbunden sind. Beide Ortschaften haben Flughäfen, Busbahnhöfe und Leihwagen-Stationen, sowie alle touristischen Annehmlichkeiten, wie Hotels, Motels, Einkaufsstätten, Postamt, Wäschereien usw. Von Carlsbad sind es 32 km zum National-Park (Busverbindung), von El Paso etwa 240 Kilometer auf schneller Straße. Der Parkeingang befindet sich 11 km westlich der Fernstraße US 62-180.

Adresse: CARLSBAD CAVERNS N.P., 3225 N.P.s Hwy.,
Carlsbad, NM 88220

Channel Islands

Die Inseln liegen nordwestlich von Los Angeles im Pazifischen Ozean, die küstennächste und daher besterreichbare, Anacapa Island, nur 18 km südlich von Oxnard. Von Los Angeles aus fährt man die CA 1 nördlich entlang der hübschen Küstenstraße über Santa Monica, oder im Landesinneren direkt über die US 101 North bis Ventura.

Ausfahrtschilder am Highway und zusätzliche Wegweiser führen von dort zum südlich von Ventura gelegenen Visitor Center, wo man jegliche weiteren Informationen zum Besuch aller zugänglichen Inseln erhält.

Adresse: CHANNEL ISLANDS N.P., 1699 Anchors Way Dr.,
Ventura, CA 93003

Crater Lake

Als allgemeine Zufahrt muß die nordsüdlich verlaufende I-5 im Westen gelten, während östlich die US 97 in Frage kommt. Der Park selbst hat drei Zufahrten. Der Südeingang ist ganzjährig geöffnet und wird von Klamath Falls, einer Mittelstadt mit Flugzeug-, Bahn- und Buslinien-Anschluß über die US 97 und OR 62 nach 93 Kilometern erreicht. Der Westeingang ist besser von Medford her, ebenfalls mit Flughafen und Busbahnhof, über die OR 62 nach 120 km zugänglich, meist ist er aber von Anfang Dezember bis Ende März geschlossen.

Die Anfahrt von Norden aus über die OR 230 oder 138, sowie die Rundstraße entlang dem Kraterrand sind in der Regel von etwa Mitte Oktober bis in den frühen Juli unmöglich, da die durchschnittliche Schneemenge pro Jahr über 15 Meter (!) beträgt.

Von Mitte Juni bis September werden regelmäßige tägliche Busverbindungen von Klamath Falls zum Park unterhalten.

Adresse: CRATER LAKE N.P., P.O.Box 7, Crater Lake, OR 97604

Everglades

In der Regel wird der Besucher von Norden aus Richtung Miami kommen, das, wie auch die vorgelagerte überaus reizvolle Luxusinsel Miami Beach, alle Reiseansprüche erfüllt. Von dort führt die US 1 über Homestead entweder durch Florida City nach Süden weiter zu den Florida Keys bis Key West, dem südlichsten Punkt des nordamerikanischen Kontinents – ein sehr empfehlenswerter Abstecher, für den man etwa zwei Tage veranschlagen sollte – oder über die FL 27 direkt zum Haupteingang Royal Palm des Everglades National Parks mit Besucherzentrum und dem etwa 8 km westlich davon im Walde liegenden Campingplatz Long Pine Key mit 106 Stellplätzen und allen üblichen Komfort-Einrichtungen.

Am südwestlichen Ende der Parkstraße, etwa 61 km vom Eingang, findet man einen sehr viel hübscheren, direkt am Strande liegenden Campground mit 213 sites und allen erdenklichen Einrichtungen, wie Motel, Visitor Center mit Museum, Restaurant, Lebensmittelgeschäft, Post und Telefon, Wäscherei, Bootsverleih, geführten Touren sowie abendlichen Lagerfeuer-Vorträgen der Ranger, das Flamingo Camping. Eine mit Palmen bestandene weitläufige Rasenfläche mit Spazierwegen und Picknickplätzen, Grillrosten und Tisch-Bank-Kombinationen sowie großzügige Sanitäranlagen bieten ein wahres Camper-Paradies mit Meeresblick.

Zusätzliche Motels und private Campingplätze finden sich an allen Zufahrtsstraßen, vor allem nahe Homestead, bei Everglades City in Copeland, 11 km nördlich an der FL 29, im Collier Seminole Park 30 km westlich an der US 41 und der Remuda Ranch.

Etwa 20 weitere Zeltplätze innerhalb des Naturschutzgebietes sind lediglich per Boot zugänglich, worüber jeder Ranger genauen Aufschluß geben wird, auch über den 150 km langen markierten »Wilderness Waterway« von Everglades City bis Flamingo, ein abenteuerlicher Kurs für Wassersportler quer durch die Seelandschaft der »Ten Thousands Islands«.

Adresse: EVERGLADES N.P., P.O.Box 279, Homestead, FL 33030

Glacier

Der Park wird in seinem südlichen Teil von der US 2 begrenzt, die im Osten über die MT 49 Anschluß an die US 89 hat. Von letzterer aus führen bis East Glacier Park die Zufahrten nach Two Medicine, über St. Mary nach Rising Sun über den Logan Pass nach Apgar, sowie von Babb aus über den Nordeingang zu Many Glacier und Swiftcurrent.

Von Westen her kommt nur die US 91 und US 93 in Frage, um über die US 2 zum Westeingang zu gelangen. Von hier aus fährt man die einzige den Park westöstlich durchquerende Straße, den 80 km langen »Going To The Sun Road«, von Apgar entlang dem Lake McDonald über den 2026 m hohen Logan Pass bis zum Mary Lake. Ab hier kann man nördlich über die US 89 und MT 17 nach

66 km aussichtsreicher Fahrt den kanadischen Teil des Waterton-Glacier International Peace Park, Waterton Lakes erreichen, der nur leider meist ziemlich wolkenverhangen ist. Der kleine amerikanisch-kanadische Grenzübergang erfordert kein Visum oder sonstige zeitraubende Formalitäten.

Wer mit dem Flugzeug anreisen will, kann in Kalispell, MT, 32 km westlich des Parks landen, oder aber in Great Falls, MT., ca. 230 km östlich von ihm.

Mit dem Bus kann man von Missoula oder Great Falls her den Park erreichen, beides sind auch Haltestellen der großen kontinentalen Busgesellschaften. Zugverbindung ist möglich mit der Amtrak, die in East Glacier Park und West Glacier (Belton) hält. Beide Stationen liegen jedoch außerhalb der Parkgrenzen, deshalb sollte jeder, der die Eisenbahn benützt, für den Zielbahnhof vorplanen, entweder Anschluß an eine Bus-Tour zu bekommen oder einen Leihwagen.

Am vorteilhaftesten ist natürlich ein Campingfahrzeug oder zumindest eine Zeltausrüstung. Dies gilt für fast alle Naturschutzgebiete, besonders in entlegeneren Landesteilen.

Adresse: GLACIER N.P., West Glacier, MT 59936

Grand Canyon

Die I-40 (US 66) führt im nördlichen Arizona durch Flagstaff und Williams. Von beiden Städten ist der Südrand in etwa 2stündiger Autofahrt über staublose Straßen und durch üppige Nadelholzwälder großen Artenreichtums erreichbar. Die US 89, etwa 50 km östlich des Grand Canyon, führt über Cameron direkt zum Parkeingang bei Desert View, dem besten Blickpunkt, von dem aus auch der Colorado in der Tiefe zu erkennen ist.

Sowohl Flagstaff wie Williams haben Flughäfen, die von allen westlichen transkontinentalen Fluglinien frequentiert werden, sowie Eisenbahn- und Busbahnhöfe.

Zusätzlich besteht ein Airport 11 km südlich der Parkgrenzen, Grand Canyon Caverns, mit Verbindungen durch »Hughes Airwest«, »Cochise Airlines« und »Scenic Airlines«. Dort findet man Motels, Einkaufsstätten und Busverbindung zum Mittelpunkt des Parks, Grand Canyon Village.

Zum Nordrand führt die AZ 67 von Kanab aus südlich, oder über die 89 A von Page über Jacob Lake. Von Ende Oktober bis Mitte Mai ist der North Rim Eingang, je nach Klimabedingungen des Jahres, gesperrt.

Weder Bus- noch Bahnverbindungen führen zum North Rim, lediglich Charterflüge zu einem Behelfsflugplatz, soweit die Wetterbedingungen dies ermöglichen. Wenden Sie sich an: Grand Canyon Airlines, P.O.Box 186, Grand Canyon, AZ 86023, Tel. (602) 638-2407.

Adresse: GRAND CANYON N.P., P.O.Box 129, Grand Canyon, AZ 86023

Grand Teton

Der Naturpark hat drei Hauptzufahrten. Die von Norden aus dem Yellowstone-Park kommende führt als US 89/287 entlang dem Snake River durch den John D. Rockefeller Jr. Park und die kleine Ortschaft Flagg Ranch, wo Unterkunft, Campingplätze, Laden, Restaurant und Tankstelle bereitstehen.

Die Ortszufahrt kommt als US 26 von Riverton – mit Flugplatz – bzw. als US 287 von Lander zur Bufallo Entrance Station. Beide Kleinstädte mit allen Versorgungsmöglichkeiten liegen etwa 215 km südöstlich, jenseits des 2944 m hohen Togwatee-Passes, der hier die Große Wasserscheide »Continental Divide« überwindet.

Die günstigste Anfahrt bietet sich von Süden her über Jackson, einer für den Westen typischen Touristenstadt mit allen für die Reise wichtigen Einrichtungen, Flughafen mit Anschluß-Flugdienst nach Grand Teton, Busverbindungen und Leihwagenstationen. Man erreicht diesen blühenden und attraktiven Ort mit dem Wagen oder Linienbus aus dem Süden von Rock Springs, ca. 224 km über die US 187, oder von Westen entlang der US 26 von Idaho Falls nach ca. 175 km. Beide Städte haben Flughäfen.

Innerhalb des National Parks läuft ein Bus-Pendelverkehr von der Jackson Lake Lodge ab und mit Anschluß zum Yellowstone Park.

Adresse: GRAND TETON N.P., P.O.Drawer 170, Moose, WY 83012

Great Smoky Mountains

Der Park ist von allen Seiten über erstklassige Straßen der beiden Anlieger-Staaten zugänglich, jedoch außer den kurzen Zufahrten von Bryson City im Süden und Cosby im Nordosten nur auf einer Straße, die Gatlinburg mit Cherokee verbindet, durchquerbar. Es ist die US 441, die innerhalb seiner Grenzen Newfound Gap Road heißt nach dem Sattel, den sie überwindet.

Größere Städte, die Hotels, Motels, Flug- und Busverbindungen haben, sind in Knoxville und Chattanooga, in Tennessee, Asheville, in North Carolina und südlich im Staate Georgia dessen Hauptstadt Atlanta.

Dicht gedrängt um den Park liegen an dessen Zufahrtswegen viele reizvolle Orte, die den vor allem in der Saison beständigen Touristenstrom mit Motels, Lodges, Campingplätzen und allen üblichen Reiseerleichterungen in angenehmster Weise aufzunehmen bemüht sind.

Der Schwerpunkt des innerparklichen Wegenetzes, und also auch der vorgelagerten Fremdenverkehrs-Städtchen, liegt nördlich des Schutzgebietes, wobei Gatlinburg, ca. 3 km vom Parkeingang, an erster Stelle genannt werden muß, nicht nur weil es die höchsten Preise der Umgebung fordert. Günstiger sind diesbezüglich die über die I 40 schnell erreichbaren Städte Asheville, ca. 60 km im Süden, und Newport, ca. 45 km nördlich. Von beiden Orten aus verkehrt auch ein regelmäßiger Buslinendienst quer durch den Park.

Adresse: GREAT SMOKY MOUNTAINS N.P., Gatlinburg, TN 37738

Guadalupe Mountains

An der US 62/180 gelegen, die Carlsbad mit El Paso verbindet, gelten für Zufahrt und Unterbringung die gleichen Anmerkungen wie für den 60 km nördlich liegenden Carlsbad Caverns N.P. Der einzige innerhalb des Naturschutzparkes im Pine Springs Canyon gelegene Campingplatz ist nur über eine primitive einspurige Trasse, etwa 1 km von der US 62/180, erreichbar. Er verfügt über Stellplätze für Campingfahrzeuge jeder Art, sowie Waschraum mit Toiletten, Trinkwasser, auch Außenanschluß zum Auffüllen der Vorratstanks.

Das Visitor Center bei Frijole ist zwar nur eine Informations-Station mäßiger Größe, jedoch bekommt man dort Kartenmaterial für die Wanderwege, Literatur über die Gegend, allgemeine Ratschläge, vor allem aber Auskunft über die aktuellen Wetterbedin-

gungen, deren Kenntnis gerade hier bei längeren Wanderungen sehr wichtig ist.

Adresse: GUADALUPE MOUNTAINS N.P., N.P.'s Hwy., Carlsbad, NM 88220

Haleakala · Hawaii Volcanoes

Die Inselgruppe wird von allen großen interkontinentalen und den meisten amerikanischen Fluggesellschaften angeflogen. Am billigsten sind die Startorte Los Angeles und San Francisco (gleicher Preis), sowie Portland und Seattle. Man kann entweder die Hauptstadt Honolulu auf der Insel Oahu in ca. 5 Stunden vom Festland aus erreichen, um von dort aus im preisgünstigen Inselflugdienst (Hawaiian Airlines, Aloha Airlines, Royal Hawaiian Air Service) seine persönliche Route weiterzuverfolgen, oder direkt nach Hilo auf der Insel Hawaii buchen und von dort per Flugzeug oder Schiff nach Maui übersetzen.

Von den beiden National-Parks liegt der Haleakala N.P. auf der Insel Maui, der Hawaii Volcanoes N.P. auf Hawaii, der am weitesten südöstlich liegenden und geologisch jüngsten Insel.

Für vulkanologisch Interessierte empfiehlt sich besonders der in den letzten Jahren recht aktive Kilauea-Bereich des Mauna Loa auf Hawaii, über dessen aktuelle Eruptionsphase man beim Visitor Center telefonisch oder direkt Auskunft erhält.

Adresse: HALEAKALA N. P., P. O. Box 537, Makawao. HI 96768

Adresse: HAWAII VOLCANOES N. P., Hawaii N. P., HI 96718

Hot Springs

Mit dem Wagen erreicht man die Stadt Hot Springs, die den gleichnamigen National Park beinahe umschließt, von Little Rock aus über die I 30 und US 70, oder die 270 aus Südosten, sowie die AR 7. Unweit nördlich kreuzt die I 40 in westöstlicher Richtung. Die Fluglinien der Rio Airways fliegt den Memorial Airport, 3 km westlich des Parks, mit täglichem Service an. Die Busse der Continental Trailways oder ihr Zubringerdienst halten in Hot Springs.

Adresse: HOT SPRINGS N.P., P.O. Box 1860, Hot Springs, AR 71901

Isle Royale

Die Insel, deren Felsrücken sich bis in 420 m Höhe erheben, ist nur per Boot oder Schiff vom nahen Festland aus erreichbar. Entweder vom Hafen Grand Portage, Michigan, aus (35 km), von Thunder Bay, Ontario (71 km), Duluth, Minnesota (250 km), oder während der Saison (Mai-Oktober) am besten mit dem National-Parks-Service-Schiff »Ranger III«, welches von Houghton, Michigan (171 km), regelmäßig zum im Nordosten der Insel liegenden Rock Harbor verkehrt. Auf diesem können sogar Privatboote bis 6,0 m Länge mitgenommen werden, mit denen man dann auf eigene Faust die klippenreiche Küstenlandschaft durchstreifen und die vielen fischreichen Binnenseen befahren kann.

Schriftliche Voranmeldung für das NPS-Schiff beim Superintendent ist unerläßlich.

Adresse: ISLE ROYAL N.P., 87 N. Ripley St., Houghton, MI 49931

Lassen Volcanic

Man erreicht das Naturschutzgebiet mit dem Auto von Norden oder Süden über die I 5 kommend, entweder von Redding aus über die CA 44 nach 80 km, oder von Red Bluff aus über die CA 36 nach 75 km. Von Osten her gelangt man bei Reno auf die CA 395, die kurz nach Susanville in die Abzweigung CA 44 nördlich und CA 36 südlich mündet.

Busverbindungen bestehen täglich außer sonntags von Red Bluff und Susanville nach Mineral.

Flughäfen haben die Städte Redding und Chico; Privatflugzeuge können in Chester und Red Bluff landen. Redding ist auch mit der Eisenbahn erreichbar.

Adresse: LASSEN VOLCANIC N. P., Mineral, CA 96063

Mammoth Cave

Von Nashville, Tennessee, besteht gute Flugverbindung von Süden her nach Bowling Green, einer Kleinstadt 35 km südwestlich des Parkeingangs. Von Norden her kann man aus Louisville, Kentucky, bequem anfliegen. Beide Großstädte sind durch die Autobahn I 65 verbunden, von der man über die KY 70 den Park nach 9 km erreicht.

Die vorerwähnten Städte bieten allen Reise- und Übernachtungs-Komfort, wie auch in der Umgebung des Schutzgebietes zahlreiche Motels und Lodges, aber auch kommerzielle Campingplätze zur Verfügung stehen.

Innerhalb der Parkgrenzen ist das Mammoth Cave Hotel, daneben eine motelartige Lodge sowie elektrisch geheizte Wohnhütten ganzjährig geöffnet. Voranmeldung während der Saison erfolgt zweckmäßig an den Konzessionär: National Park Concessions, Inc. Mammoth Cave, KY 42259.

Für Unterbringung außerhalb des Parks wende man sich an: Department of Public Information, Capitol Annex Building, Frankfort, KY 40601.

Adresse: MAMMOTH CAVE N. P., Mammoth Cave, KY 42259

Mesa Verde

Der Park liegt in unmittelbarer Nähe der Stadt Cortez, Colorado, mit Flughafen, Hotels und allen Reiseannehmlichkeiten. Auch Durango, Colorado, und Farmington, New Mexico, haben Airports und jeden Komfort. Die nächsten Eisenbahnstationen sind Grand Junction, Colorado, und Gallup, New Mexico, von denen Busliniendienst nach Cortez besteht. Von Cortez aus wiederum verkehren Busse zum Park von Mitte Mai bis Mitte Oktober. Alle genannten Städte haben Hotels, Lodges und Leihwagen-Stationen. Von Cortez gelangt man auf der US 160 auf halbem Weg nach Mancos an die südliche Abfahrt zum 18 km entfernten Parkeingang. Von hier aus steigt die gutausgebaute Straße stetig an und erreicht in kurvenreicher Trassierung nach 34 km das Archäologische Museum der Chapin Mesa mit Sitz des Park Headquarters, das außerhalb der Saison eigentlicher Besuchs-Mittelpunkt ist.

Während der Auffahrt passiert man nach 6 km die Norfield Ranger Station mit Einkaufsstätten, Amphitheater und dem einzigen Campingplatz innerhalb des Parkgeländes. Er verfügt über 494 Stellplätze und übliche Einrichtungen. Trotz seiner Höhe von 2378 m ist er ganzjährig geöffnet.

Weiter aufwärts bietet sich rechterhand der beachtliche Ausblick Montezuma Valley Outlook, hinunter auf die Ebene von Cortez.

10 km von Morfield ist dann der höchste Punkt der Mesa, Park Point (2613 m), erreicht. Von hier aus genießt man bei günstiger Witterung, im Sommer die Regel, eine legendäre Weitsicht auf die Berge der umliegenden vier Staaten Colorado, New Mexico, Arizona und Utah. Der am dortigen Feuerwachtturm diensthabende Ranger wird Fragen zur genaueren Orientierung gerne beantworten.

Adresse: MESA VERDE N. P., Mesa Verde N. P., CO 81330

Mount Rainier

Während der Sommer-Saison stehen drei Haupteingänge zur Wahl, von denen sich der Nisqually-Eingang am Sunshine Point im Südwesten des Parks am ehesten anbietet. Er ist über die WA 706, wie der nordöstlich liegende White River Eingang über die WA 410, mit 92 km etwa gleichweit von Tacoma entfernt, dem günstigsten Ausgangspunkt zum Besuch des Schutzgebietes. Den im Südosten desselben zuführenden Stevens Canyon Eingang mit dem Ohanapecosh Besucher-Zentrum erreicht man auf der WA 123 nach 109 km von Yakima über den White Pass und von Portland, Oregon, aus nach 225 km.

Von Juni bis Mitte September verkehren täglich Busse von Tacoma und Seattle zum Park. Dort und in allen größeren Städten der Umgebung steht auch ein Leihwagen-Service zur Verfügung.

Innerhalb des Parks verbindet eine gut ausgebaute Straße das Ende der WA 706 in Nisqually Entrance mit Paradise und über die WA 40 und 123 nach Nordosten oder zum südlichen Ohanapecosh ganzjährig, während die östlich abzweigende Straße vom Tipsoo Lake über den 1646 m hohen aussichtsreichen Chinook Pass nur im Sommer geöffnet ist.

Adresse: MOUNT RAINIER N. P., Tahoma Woods, Star Route,
Ashford, WA 98304

North Cascades

Die einfachste Zufahrt zum Park erfolgt von Westen, entweder von Seattle oder Vancouver, Canada, jeweils über die I 5, mit Abzweigung auf die WA 20 Ost. In abwechslungsvoller Fahrt durch waldreiche Landschaft und entlang dem kristallklaren Skagit River erreicht man die Orte Marblemount mit Ranger-Station, New Halem und Diablo, die beiden letzten mit hübsch gelegenen Motels und Campingplätzen. Sie liegen bereits innerhalb der Ross Lake Recreation Area, durch welche die einzige gutausgebaute Straße mit vielen Aussichtsplätzen führt, und deren Areal die südlich und nördlich davon gelegenen Teile des eigentlichen National Parks trennt. Derselbe ist nur über eine Vielzahl von Wanderpfaden erschließbar, die von den drei Stauseen zur Elektrizitätsgewinnung, dem Diablo Lake, Ross Lake und Lake Chelan, ausgehen. Nicht wenige Wege beginnen an Stellen, die nur mit einem (geliehenen) Boot erreichbar sind. Insgesamt 555 km Wege und Pfade führen durch westlichen Regenwald, über buntblühende Bergwiesen, entlang artenreichen Beständen von bis zu 1000 Jahren alten Bäumen, hinauf zu Zinnen und Schneefeldern.

Der nördliche Bereich des Reservats ist auch über die WA 542 zugänglich, einer teilweise nur wenig einladenden Kiesstraße, oder von Canada aus, in beiden Fällen aber letztlich über Pfade. Das gleiche gilt für den Südabschnitt, zu dem man von Marblemount in östlicher Richtung auf steiniger Staubstraße nur bis nahe an den Cascade Pass kommt. Lake Chelan National Recreation Area mit seinem einladenden Ort Stehekin ist überhaupt nur per täglich verkehrendem Boot von Chelan im Süden erreichbar.

Der Tourist ohne hochalpine Ambitionen wird sich meist auf die westöstliche Durchgangsstraße WA 20 beschränken, von der er herrliche Ausblicke auf die aus engen Waldtälern aufsteigenden Gebirgsstöcke und die gletschergrünen Seepanoramen hat, vor allem am Diablo Lake Overlook und Ross Lake Overlook. Auch die südöstliche Weiterfahrt entlang dem Granite River mit Blick auf den Black Peak rechts und Whistler Mountain links, über den Rainy Pass bis zum 1670 m hohen Washington Pass lohnt sich sehr, weil man von einem erhöht angelegten und mit zugehörigem Parkplatz versehenen Ausblickspunkt einen grandiosen Rundblick auf die berühmte Liberty Bell Mountains- und die Silver Star-Gruppe (2705 m) hat, der besonders im Spätnachmittagslicht recht malerisch ist.

Adresse: NORTH CASCADES N. P., 800 State St.,
Sedro Woolley, WA 98284

Olympic

Die nächste Großstadt mit Flughafen und allen Anreise-Voraussetzungen ist Seattle, von Norden und Süden über die Interstate 5, von Osten über die I 90 schnell und bequem erreichbar. Aber auch Tacoma und Olympia im Südwesten, Hoquiam und Aberdeen im Süden, sowie Port Angeles im Norden des Parks, alle an der den Park umrundenden US 101 gelegen, sind ideale Ausgangspunkte für den Besuch.

Adresse: OLYMPIC N. P., 600 East Ave., Port Angeles,
WA 98362

Petrified Forest · Painted Desert

Unmittelbar an der Interstate 40 und US 66/180 gelegen, zwischen Flagstaff (145 km) und Winslow (88 km) westlich, sowie Gallup, New Mexico (108 km) östlich, die alle über Flughäfen, Bahnstation und Interkontinental-Buslinien erreichbar sind, ist die nächste kleinere Stadt mit Unterkunftsmöglichkeit Holbrook, von wo es zum Parkeingang nur noch 32 km sind. Als weiter entfernte größere Städte mit allem Komfort und Flugverbindungen kommen allenfalls Albuquerque N.M. im Osten und Phoenix AZ weit südwestlich in Frage. Etwa 42 km vom Parkeingang entfernt liegt die Painted Desert und Rainbow Forest Lodge, wo man wie in allen umliegenden Gemeinden auch Essen, Erfrischungen und Auto-Service erhält.
Innerhalb des Schutzgebietes selbst und in über 100 km Umkreis findet man allerdings keinerlei vernünftige Camping-Möglichkeit, soweit man nicht über ein Fahrzeug verfügt, welches völlig selbstversorgend ausgerüstet ist.

Adresse: PETRIFIED FOREST N. P., Petrified Forest N. P.,
AZ 86028

Redwood

Da der Park im nördlichsten Kalifornien entlang der Pazifik-Küste liegt, kommt sowohl von Norden wie von Süden her nur die Küstenstraße US 101 in Frage, oder die ihr von Nordosten aus Oregon zuführende US 199. Wer aus Richtung San Francisco oder Sacramento kommt, kann entweder der US 101 folgen oder die I 5 Nord bei Redding westlich verlassen und über die landschaftlich besonders reizvolle CA 299 bis Arcata fahren. Von dort geht es dann über die US 101 weiter auf abwechslungsreicher Küsten-

Aussichtsstraße durch den sehenswerten Patricks Point State Park mit prächtigem Camping bis Orick. Dies ist die Südpforte des Nationalparks, mit kleinem Informations-Gebäude, von wo aus sich die das Schutzgebiet erschließende Straße am Pazifik und durch ausgedehnte Wälder bis Crescent City entlangzieht.

Adresse: REDWOOD N. P., 1111 Second St., Crescent City,
CA 95531

Rocky Mountain

Die nächsten Großstädte sind Denver, ca. 105 km im Südosten vom Park und Cheyenne, Wyoming, 146 km nordöstlich. Beide haben Flughäfen, Buslinien-Anschluß, Eisenbahnstationen, Leihwagen-Service und allen sonstigen Reisekomfort. Zwischen den erwähnten Verkehrsmitteln stellen die Busse der »Gray Line Tours« vielfältige Verbindungen her. Fahrpläne und Informationen durch diese Gesellschaft per Adresse P.O. Box 1977, Denver, CO 80202 oder Telefon (303)-825-8201.
Anfahrt mit dem eigenen oder Leihwagen aus nördlicher oder südlicher Richtung am besten über die I 25/US 87 bis Ausfahrt Loveland zur US 34, die den Naturpark ostwestlich durchkreuzt. Bei Anfahrt von Westen empfiehlt sich die I 70 bis zum Abgang der US 40 Nord. Dieser folgend, erreicht man kurz nach Granby die US 34, die östlich nach 5 km zum Parkeingang führt.

Adresse: ROCKY MOUNTAIN N. P., Estes Park, CO 80517

Sequoia · Kings Canyon

Von San Francisco aus führt die I 580 und I 205 auf die CA 99 South bis Fresno. Von dort gelangt man auf der CA 180 East zum Kings Canyon »Big Stump Entrance« und weiter zum Sequoia Park. Die CA 198 führt über den Park-Südeingang mit Ash Mountain Headquarters quer durch die schönsten Bereiche von Sequoia-Beständen und setzt sich als Generals Highway nach Nordwesten über Giant Forest, Lodgepole und Stony Creek zum Big Stump Entrance und der Grant Grove fort und mündet unmittelbar danach in die CA 180 ein. Auf dieser erreicht man in windungsreicher Aussichtsfahrt über Gebirgshöhen hinab ins Tal des Kings River schließlich Cedar Grove, wo die Straße in 1400 m Höhe endet.
Wer nicht im eigenen oder Leih-Fahrzeug anreist, kann bis Visalia, etwa 53 km vor der Parkgrenze, mit dem Flugzeug gelangen. Auch Bakersfield (140 km) und Fresno (87 km) haben Flughäfen, Anschluß an die transkontinentalen Buslinien und selbstverständlich Büros der bekannten Leihwagen-Firmen. Alle drei Städte verfügen über eine reichliche Anzahl von Hotels, Motels, Lodges und Campingplätzen sowie allen sonstigen Zivilisationskomfort und eignen sich daher als Ausgangspunkt zum Besuch der benachbarten National Parks.
Wer aus praktischen, vor allem Gründen der Zeitersparnis bevorzugt, innerhalb der Parkgrenzen zu wohnen, hat die Wahl zwischen Motels, Logis und Wohnhütten in Giant Forest, Stony Creek und Grant Grove während der Sommermonate, oder ganzjährig im Camp Kaweah, Wilsonia und Stony Creek. Voranmeldung während der Hochsaison sollte unbedingt rechtzeitig vorgenommen werden an: Sequoia und Kings Canyon Hospitality Service, Sequoia N. P., CA 93262 oder Wilsonia Lodge, Kings Canyon N. P., CA 93633.
Die Campingplätze der Parks sind nur vom 1. Juni bis Schneefall-

beginn im Oktober geöffnet. Winter-Camping ist nur in Lodgepole und Potwisha möglich.

Adresse: SEQUOIA / KINGS CANYON N. P., Three Rivers, CA 93271

Shenandoah

Wer nur Shenandoah sehen will oder kann, wird vorwiegend aus nordöstlicher Richtung anreisen. Von Washington D.C. gelangt man über die US 211 zum Thornton Gap – Eingang, oder über die VA 55 zum Front Royal Nordeingang, der dicht an der I 66 liegt, über die man nach 12 km auf die I 81 kommt und durch sie Anschluß nach Norden und Süden gewinnt.
Von Richmond, südwestlich des Parks, erreicht man nach 130 km auf der I 64 über Charlottesville und Waynesboro den Südeingang. Die Anfahrt von Westen ist vergleichsweise schwierig zu erläutern und sollte deshalb für den Individualfall aus dem Autoatlas entnommen werden.

Adresse: SHENANDOAH N. P., Rt. 4, Box 292, Luray, VA 22835

Theodore Roosevelt

Der Park ist ganzjährig geöffnet, am meisten besucht von Mai bis Oktober. Die zwei getrennt liegenden Park-Areale sind durch die nordsüdlich verlaufende US 85 verbunden, welche im Süden bei Medora die I 94/US 10 kreuzt, während im Norden die ostwestlich führende US 2 bei Williston Anschluß bietet.
Von Medora aus in westlicher Richtung sind es 740 km zum Yellowstone N. P., in Richtung I 94 West, während es nach Süden rund 460 km zum sehenswerten Mount Rushmore National Memorial entlang der US 85 South bleiben, in jedem Fall für den Durchschnitts-Touristen doch eine recht abgelegene Lokalisation.

Adresse: THEODORE ROOSEVELT N. P., Medora, ND 58645

Virgin Islands

Der kürzeste Weg, sowohl per Schiff wie mit dem aus Zeitgründen meist bevorzugten Flugzeug geht von Florida oder der Ostküste aus (Washington D.C., New York). Entweder man fliegt direkt nach Charlotte Amalie, der Hauptstadt auf St. Thomas, oder über San Juan, Puerto Rico.
Mit einer täglich verkehrenden Fähre gelangt man von Red Hook, St. Thomas, in 20 Minuten nach Cruz Bay, St. John's Island. Für Gäste der Caneel Bay Plantation besteht gesonderter Bootsverkehr zwischen Red Hook Ranger Station und Caneel Bay.
Unmittelbar am Hafen findet man nördlich das Visitor Center, wo man durch informative Ausstellungen, Broschüren und Gespräche mit Rangern erste Kenntnisse der Lokalität erhält. Weitere Unterrichtung über Geschichte, Menschen und Natur ist durch käufliche Literatur möglich.

Adresse: VIRGIN ISLANDS N. P., Box 806, Charlotte Amalie, St. Thomas, VI 00801

Voyageurs

Anfahrt ist von Duluth am Lake Superior über die US 53 möglich, oder aus Kanada über die Staatsstraße 71, beide enden in Fort Frances. Von dort aus geht es auf der MN 11 nach International Falls und Black Bay weiter.
Dieser Straßenendpunkt ermöglicht Bootszugang zum Rainy Lake, der die Kabetogama-Halbinsel, die den Hauptteil des Parks bildet, im Norden begrenzt. Südlich grenzt der Kabetogama-See an, welcher über zwei von der US 53 nördlich abzweigende Zufahrten bis Kabetogama State Point und Sullivan Bay zugänglich ist. Der östliche Crane Lake ist von Orr aus über die Bezirksstraße 23 erreichbar.
Alle Straßen enden an oder vor den Grenzen des Parks, meist an Seeufern mit Bootsrampen. Damit ist klar, daß das Schutzgebiet nur mit dem Boot auf dem Wasserwege und zu Fuß zugänglich ist. Dies schränkt seinen Wert für weitanreisende Touristen stark ein, zumal auch Unterkünfte nur in beschränkter Zahl in International Falls, Ray und Orr vorhanden sind. Dort gibt es auch Lebensmittel; Leihboote, Führer und Kurzflüge werden hier angeboten.

Adresse: VOYAGEURS N. P., P. O. Box 50, International Falls, MN 56649

Wind Cave

Die nächste größere Stadt und idealer Ausgangspunkt ist Rapid City an der ostwestlich verlaufenden I 90. Hier findet man außer Flughafen und Buslinienbahnhof jede Unterkunftsart und allen auf Reisen benötigten Service. Auf der US 16 Süd gelangt man nach 25 km nach Keystone, von wo ein kurzer Abstecher zum National Memorial Mount Rushmore sehr lohnend ist, weil man hier die imposanten, in den Granit gehauenen Köpfe der Präsidenten Washington, Jefferson, Roosevelt und Lincoln besichtigen kann. Weiter im Süden auf der US 16 alt der Iron Mt. Road, und der anschließenden SD 87, durchfährt man den abwechslungsreichen Custer State Park, wo südlich von Blue Bell die meisten Bisons (Buffalos) weiden. Die beste Beobachtungszeit ist frühmorgens und abends. Schließlich mündet die Straße in den Wind Cave N. P. ein und verläuft in südlicher Richtung weiter zu vielen Aussichtspunkten: Rankin Ridge, Prairie Dog Exhibit, Buffalo und Antelope Exhibit und zum Besucher-Zentrum.

Adresse: WIND CAVE N. P., Hot Springs, SD 57747

Yellowstone

Die nächsten Städte mit Flughafen, Hotels, Autoverleih und allem sonstigen Reiseservice sind Idaho Falls, Idaho, Bozeman und Billings, Montana, sowie Jackson, Wyoming. Im Sommer-Vierteljahr ab Anfang Juni wird auch West Yellowstone angeflogen, der mit Abstand parknächste Airport.
Eisenbahnstationen sind in Billings, Livingston und Bozeman, Montana. Mit den großen Buslinien hat man Anschluß nach Bozeman, Livingston, West Yellowstone und Billings, Montana, sowie Cody und Jackson, Wyoming, während die Busse der Yellowstone Park Company einen Liniendienst mit Livingston, Gardiner und West Yellowstone sowie innerhalb des Parks unterhalten.
Wer mit dem Wagen kommt, hat die Wahl zwischen fünf Eingängen aus allen Himmelsrichtungen. Von Livingston, im Norden an der I 90 liegend, sind es über die US 89 etwa 100 km bis zur Parkgrenze, von Bozeman 140 km. Von Idaho Falls erreicht man den West-Eingang auf der US 20/191 nach 130 km, den Südeingang auf der US 26 nach 270 km, wobei man allein 80 km in dem landschaftlich überaus reizvollen Grand Teton N. P. und entlang dem John D. Rockefeller Jr. Memorial Parkway fährt.

Aus östlicher Richtung gelangt man von Cody über die US 14/16/20 nach 13 km zum East Entrance.

Alle genannten Ortschaften sind als Ausgangsstationen zum Besuch des Landschaftsschutzgebietes gleichermaßen geeignet, wenn auch wegen deren relativ großen Entfernungen eine Übernachtungsmöglichkeit innerhalb des doch ziemlich weiträumigen Parks bevorzugt werden sollte.

Adresse: YELLOWSTONE N.P., P.O. Box 168, Yellowstone N.P., WY 82190

Yosemite

Der Park hat vier Eingänge. Die drei westlichen sind wegen ihrer Nähe zu den Großstädten San Francisco und Los Angeles sowie der Hauptstadt Kaliforniens, Sacramento, auch für den europäischen Touristen die wichtigsten.

Von San Francisco gelangt man über die Freeways 580 und 205 nach Manteca, dort auf die CA 120, die über Oakdale bis zum Big Oak Flat Entrance des Parks führt. Oder man fährt bei Manteca auf dem Highway 99 South bis Merced.

Von hier aus führt die Provinzstraße 140 auf abwechslungsreicher Route entlang dem Merced-River zum Arch Rock-Eingang, 98 km von Merced entfernt.

Von Sacramento aus führt der Highway 99 South ebenfalls nach Merced, von dem aus man bei Modesto auf die CA 132 einbiegen kann, bei Coulterville auf der CA 49 South bis Mariposa, und von dort über die CA 140 den Park erreicht.

Von Los Angeles aus fahre man die I 5 Nord bis Ridge, wo die CA 99 Nord über Bakersfield nach Fresno abzweigt. Fährt man die CA 41 noch 107 km weiter zum South Entrance, so hat man die kürzeste Zufahrt zur Mariposa Grove, dem prächtigen Hain von Riesen-Mammutbäumen des Parks.

Von Osten, aus Nevada kommend, erreicht man den Tioga Pass Entrance von der nordsüdlich verlaufenden US 395 aus über die bei Lee Vining abgehende CA 120, auf welcher der 3031 m hohe Paß zu überwinden ist. Die weitere Fahrt innerhalb des Parks bis zum Yosemite Valley ist von großem landschaftlichen Reiz, allerdings ist der Paß von etwa Mitte Oktober bis Anfang Mai geschlossen.

Alle Zufahrten enden schließlich am zentral gelegenen Yosemite Village im oberen Merced River-Tal, dem Yosemite Valley.

Adresse: YOSEMITE N.P., P.O. Box 577, Yosemite N.P., CA 95389

Zion

Die nächsten größeren Städte mit Flughäfen sind Cedar City, Utah, und Las Vegas, Nevada. Beide sind durch die westlich des Parks verlaufende I 15 verbunden, an der auch St. George liegt, und werden von den transkontinentalen Buslinien versorgt. Von der I 15 zweigt die UT 15 bei Hurricane östlich ab und führt zusammen mit der 20 km weiter nördlich von der I 15 abgehenden UT 17 zum südlichen Parkeingang hinter Springdale.

Von Las Vegas bis St. George sind es 185 km, weiter zum Park nochmals 67 km. Von Cedar City aus erreicht man den Südeingang nach 95 km über die I 15 – UT 17 – UT 15.

Wer von Arizona kommt, benütze die US 89, auf der man von Page aus 172 km bis zum Osteingang hat, nachdem man bei Mt. Carmel Junction auf die UT 15 links abgebogen ist. In Page ist auch ein Airport mit Zubringerdienst.

Im Sommer verkehrt eine Buslinie der Utah Parks Division of TWAS von Cedar City zum Park. Leihwagen-Service besteht in Cedar City, St. George, Utah, und Page, Arizona, natürlich auch in der Großstadt Las Vegas, Nevada.

Adresse: ZION N.P., P.O. Springdale, UT 84767

ALASKA

Denali

Der ganzjährige befahrbar gehaltene Alaska Highway 3 zwischen Anchorage und Fairbanks bietet den einzigen Straßenzugang zum Park. Von Fairbanks sind es 193 km, von Anchorage 385 km. Der regelmäßig verkehrende Busliniendienst ist für Touristen ohne Campingambitionen vorzuziehen, weil innerhalb der Grenzen des Naturschutzgebietes Privatfahrzeuge ohnehin nur in sehr begrenztem Bereich erlaubt sind. Im Sommer besteht eine Busverbindung durch »Alaska-Yukon Motorcoaches. Telefonverbindung von Anchorage (907) 267-1305, von Fairbanks aus (907) 452-8518.

Wer mit der Bahn anreisen will, benötigt von Anchorage 8 Stunden Fahrt, von Fairbanks etwa vier Stunden bis zum Bahnhof direkt am Parkeingang. Um Fahrplanauskunft wende man sich an: Alaska Railroad, Traffic Division, P.O. Box 7-2111, Anchorage, AK 99510. Tel. (907) 265-2685.

Die schnellste und bequemste Verbindung hat man natürlich mit dem Flugzeug von beiden erwähnten Städten aus bis zu einem Landeplatz unmittelbar am Park-Hauptquartier.

Adresse: DENALI N.P., P.O. Box 9, McKinley Park, AK 99755

Gates of the Arctic

Von Fairbanks aus kann man mit dem Flugzeug Bettles/Evansville erreichen, von wo aus Charterflüge ins Innere des Parks gebucht werden können, vorwiegend mit Wasserflugzeugen, da der Naturschutz die Anlegung von Landebahnen ausschließt. Innerhalb des Parks gibt es keinerlei Unterkunft oder Versorgung. Also Traggestell und Zelt!

Adresse: GATES OF THE ARCTIC N.P., P.O. Box 74680, Fairbanks, AK 99707

Glacier Bay

Der Glacier Bay National Park and Preserve, westlich der Hauptstadt Juneau in Südost-Alaska, kann nur mit dem Flugzeug oder per Schiff erreicht werden. Man hat die Wahl zwischen Linienflügen oder Charter, Kreuzschiffen oder geliehenen Booten. Der Superintendent des Parks hält eine Liste über alle Verbindungen verfügbar.

Mit dem Schiff oder einem seetüchtigen Boot ist die Entfernung etwa 160 km von Juneau, die Flugzeit von »Gustavus Airfield« in Juneau beträgt etwa 30 Minuten. Im Park angekommen, sind anschließende Transportverbindungen gegeben. Für Privatflugzeuge setze man sich mit dem Superintendent in Verbindung. Flugbenzin kann im Park nirgends getankt werden.

Ausführliche Information über alles Wissenswerte und die Parkeinrichtungen findet man in der Broschüre »Glacier Bay Handbook«, die per Post von der Alaska Natural History Association, Glacier Bay National Park and Preserve, Gustavus, Alaska 99826 gegen Bezahlung versandt wird.

Die »Glacier Bay Lodge« ist von Mitte Mai bis Mitte September geöffnet. Zimmerbestellung sollte man weit im voraus sicherstellen. Ihre Adresse außerhalb der Saison ist: 312 Park Place Bldg., Seattle, Washington 98101, ansonsten benütze man die Parkanschrift.

Adresse: GLACIER BAY N.P., P.O. Box 1089, Juneau,
        AK 99802

Katmai

Katmai liegt 470 Luftkilometer südwestlich von Anchorage, von wo täglich Flüge nach King Salmon abgehen. Anschlußflüge von dort aus mit amphibischen Busch-Flugzeugen erreichen Brooks River.
Wien Air Alaska, 4100 International Airport Road, Anchorage, AK 99502, verfügt über bequeme Aufenthaltsräume und Verbindungen nach Brooks River und Lake Grosvenor. Tagestouren werden von Anchorage aus täglich durchgeführt vom 1. Juni bis Labor Day (1. Montag im September). Von Brooks River aus fährt während der Saison täglich ein Allrad-Minibus zum »Valley of Ten Thousand Smokes«. Der Trail endet auf einem Hügel mit gutem Einblick in das Tal und seine vielfältigen vulkanischen Formationen.

Adresse: KATMAI N.P., P.O. Box 7, King Salmon, AK 99613

Kenai Fjords

Von Anchorage aus kann man entweder nach Seward oder Homer fliegen. Zu beiden Städten besteht auch eine Straßenverbindung, nach Seward sogar Omnibus-Anschluß. Beide Städte haben Charterboot-Service und Charterflüge im Angebot.
Jegliche weitere Information hole man sich, da der Park noch sehr jung ist, am besten vor Ort oder schreibe dorthin. Im Park bestehen keinerlei Einrichtungen!

Adresse: KENAI FJORDS N.P., General Delivery, Seward,
        AK 99664

Kobuk Valley

Zwei Fluglinien verbinden Anchorage und Fairbanks mit Kotzebue, westlich des Parks. Von dort aus tägliche Anschlußflüge, Linie oder Charter, zu den wenigen Dörfern. Dort erhält man primitive Unterkunft und auch Leihboote. Die Fischgründe sind ergiebig. Im Park selbst keinerlei Versorgung oder Einrichtungen. Vorherige Kontaktaufnahme sehr zu raten.

Adresse: KOBUK VALLEY N.P., General Delivery, Kotzebue,
        AK 99752

Lake Clark

Eine Straßenzufahrt zum Park besteht nicht. Einzige Möglichkeit, ihn zu erreichen, sind Wasserflugzeuge, die auf vielen Seen innerhalb des Parks landen können. Einige Behelfs-Landestreifen können von kleinen Privatmaschinen nahe dem Park oder auf offenen Küstenstränden angeflogen werden. Ausgangspunkte hierzu sind die Städte Homer und Kenai, die wiederum von Anchorage aus per Flugzeug erreichbar sind. Man kann auch von Anchorage aus direkt nach Iliamna fliegen, etwa 48 km außerhalb der Parkgrenzen.

Adresse: LAKE CLARK N.P., 1011 E. Tudor Rd., Anchorage,
        AK 99503

Wrangell - Saint Elias

Mit Vierrad-Fahrzeugen oder solchen hoher Bodenfreiheit gelangt man von Chitina bis nach McCarthy im Sommer gewöhnlich ganz leidlich. Eine normale Straße führt von Slana nach Nabesna, und mit dem Flugzeug erreicht man den Park im allgemeinen von Glennallen, Yukatat oder Gulkana, wohin ein guter Highway vom 322 Kilometer entfernten Anchorage trassiert ist.

Adresse: WRANGELL - ST. ELIAS N.P., P.O. Box 29, Glenn
        Allen, AK 99588

Zu den Abbildungen

Fast alle Fotos sind von den zahllosen Aussichtspunkten und Parkplätzen aus gemacht, vom Straßenrand oder den bequem zu gehenden Kurzwanderwegen und Lehrpfaden. Dies ist nur möglich infolge der geschickten Erschließung der National-Parks durch großzügige Trassierung und Ausstattung der Straßen, wie Zugänglichkeit des Hinterlandes mit Hilfe vieler Zufahrten und Fußwege.

Auf die vielen Möglichkeiten zu farbenprächtigen Stimmungsfotos wurde weitgehend verzichtet, damit der Bildteil ein Höchstmaß an Informationsgehalt durch Beschreibung des jeweiligen Landschaftscharakters bietet.

Die Aufnahmen wurden ausschließlich in Kleinbild-Technik gemacht, was noch vor nicht zu langer Zeit für die Ansprüche der Landschafts-Fotografie als undenkbar erschienen wäre. Jedoch bietet die heutige KB-Technologie, zumindest in ihren Spitzenprodukten, Ergebnisse in bezug auf Schärfe und Farbtreue, die früheren Großbildverfahren nicht nachstehen, vor allem wenn sie mit hochwertigem Film gekoppelt wird.

Als Filmmaterial wurden nur handelsübliche Amateur-Produkte von Kodak eingesetzt, vorwiegend Kodachrome 25 und 64, sowie Ektachrome 200 und 400. Die Entwicklung erfolgte ausnahmslos in den offiziellen Kodak-Labors.

Die Wetterbedingungen sind in weiten Teilen des nordamerikanischen Kontinents gerade während der in Frage kommenden Sommer-Reisezeit, vor allem in dem an Naturschönheiten besonders reichen Südwesten, außerordentlich stabil. Durch die niedrige Luftfeuchtigkeit und die Staubfreiheit dieser Gebiete ergibt sich eine dem Europäer völlig ungewohnte Klarheit der Luft, die Fernsichten von mehreren hundert Kilometern alltäglich sein läßt. Beim Fotografieren wird hierdurch natürlich Schärfe und Farbintensität erheblich begünstigt.

Wer also vermuten sollte, die Drucke seien wegen ihrer starken Farbsättigung, insbesondere des Himmels, unnatürlich und unglaubwürdig, der lasse sich sagen, daß Amerikas Himmel in der Tat blauer ist. Zumindest in den hier beschriebenen Regionen der National-Parks, die meist weitab jeder zivilisatorischen Luftverschmutzung oder in nahezu unbewohnten Landesteilen liegen.

In gleicher Weise von Vorteil ist zudem die Höhenlage vieler Schutzgebiete, die im Westen oft zwischen 1200 und 3500 m liegen, wo auch bei uns klarere Sichtverhältnisse herrschen und die Farben der Alpenlandschaften kräftiger sind.

Glauben Sie also unbedenklich dem Autor: Für jeden nur einigermaßen geschickten Foto-Touristen ergibt sich eine hohe Chance, mit Erinnerungsbildern aufzuwarten, die den Aufnahmen dieses Bandes nicht nachzustehen brauchen. Wenn Sie zurückkommen, werden Sie diese Feststellungen aus eigener Erfahrung bestätigen, und spätestens dann, wenn Sie sich über Ihre eigenen Bilder wundern, endgültig wissen: Amerika ist auch in dieser Hinsicht unvergleichlich.

Der Autor

GAYLORD SKY WORELL, 1921 geboren, zeigte schon früh ausgeprägte Neigungen zur Musik und den bildenden Künsten. Im Alter von 12 Jahren erste beachtete Landschafts-Fotografie, seit dem 16. Lebensjahr Bildberichte für die Presse und Naturmalerei in Aquarell und Öltechnik. 1940 eigene Foto-Ausstellung mit weiter Thematik.

Infolge seiner vielseitigen Interessiertheit, jedoch individualitätshinderlichen Zeitgeschehens wurde er bald zum Wanderer zwischen den Welten, stets begeisterungsfähig und sprungbereit, aber von kritisch-optimistischem Realismus.

Nach dem Kriege finanzierte er als freier Foto-Grafiker seine Studien der Geologie, Geographie, Medizin und Psychologie bis zur Promotion. 1949 erschien sein erster Bildband. Danach wurde er langjähriger Mitarbeiter bei den namhaftesten Verlagen für Naturwissenschaft in Wort und Bild. Ausgedehnte Reisen und Expeditionen in viele Länder fast aller Kontinente schlugen sich in zahllosen Arbeiten nieder, vor allem auch über aktiven Vulkanismus, und schufen ein umfangreiches Bildarchiv.

Worells besondere Neigung gilt der bildmäßigen Fotografie sowie dem Porträt, während er abstrakt-artifizieller Lichtbildnerei als Pseudokunst eher zurückhaltend gegenübersteht mit der Ansicht, daß die Natur in ihrer Schönheit und vielgestaltigen Vollkommenheit unübertrefflich sei.

1977 erschien eine beispielhafte Bildmonographie über mittelalterliche Architektur, inzwischen ein Standardwerk.

Seit 1970 widmete sich der Autor vorwiegend der Geologie, Geographie und biotopographischen Naturdarstellung des nordamerikanischen Kontinents, in der engagierten Überzeugung, daß die Verbreitung eingehender Kenntnis über dessen großartige Formationen und einmaligen Ökosysteme eine verpflichtende Herausforderung für den populär-orientierten Naturwissenschaftler und Fotografen sei.

Worell hat während fünfzehn Jahren und insgesamt über vier Jahren Gesamtreisezeit mit mehr als 100 000 Meilen in Motorhomes Amerika vielfaltig durchkreuzt, wobei von den National-Parks, National Monuments und allen bedeutenden Landschaften der USA und Kanadas ein unvergleichliches Bildarchiv von über 20 000 druckreifen Farbaufnahmen erarbeitet, sowie Eindrücke und Kenntnisse erworben wurden, die ihn nach authentischer Meinung zum derzeit wohl besten Kenner amerikanischer Landschaften und Naturphänomene machten.

Der Autor ist Mitglied der National Geographic Society, Washington, D.C. und Ehrenbürger der Stadt New Orleans, LA.

BILDNACHWEIS

Seiten 216/217 Johnny Johnson, McKinley Park
Seite 221 Dr. P. Eichmüller
Seiten 219, 223, 226/227, 228 USNPS

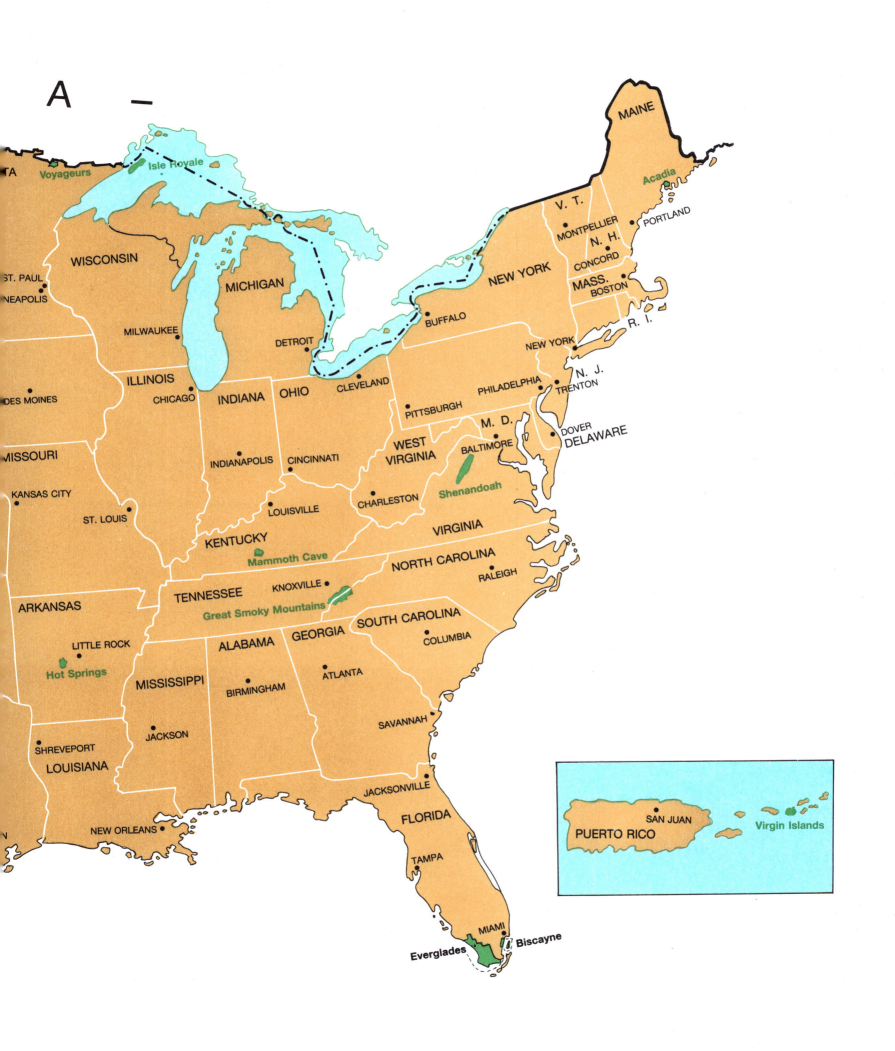

A